编 委 会

国际展望丛书

动荡变革期世界发展和趋势

百年大变局中的观察与分析

杨洁勉／著

**World in Turbulence and
Transformation**
Observation and Analysis

格致出版社　上海人民出版社

丛书总序

2018 年是非常独特的一年，它是第一次世界大战结束 100 周年，是 2008 年国际金融危机和世界经济危机爆发 10 周年，同时也是中国开启改革开放进程 40 周年。我们站在这个特殊的历史时点上抚今思昔，放眼未来，更深切地感受到世界正经历百年未有之大变局。世界政治经济中融合的力量和分化的力量此起彼伏、相互激荡，世界正进入不稳定和不确定加剧的新时期。国际秩序何去何从是摆在我们面前的时代之问和时代之困。其中，当前世界格局调整中的三个趋势最为显著，也最具破坏性。

第一，大国之间的战略不稳定正在加剧。一方面，美国与中国、俄罗斯之间的地缘政治竞争进一步加深。美国特朗普政府加大与俄罗斯在欧洲、中东等地区以及核导军控等领域的战略博弈，甚至局部达到冷战结束以来最严峻的状态。美国对华政策也发生了重大调整，首次明确将中国定位为美国主要的战略竞争对手。特别是 2018 年 10 月 4 日美国副总统彭斯所发表的美国对华政策演讲，通篇充斥着类似 40 年前冷战高峰时期美国前总统里根对苏联的指责，令许多中国人震惊和困惑。人们不禁要问：美国难道已决意要对中国实施全面遏制？世界是否将因此而被拉进一场新的冷战？

另一方面，除了华盛顿同北京和莫斯科之间的关系愈加紧张外，近年来大西洋关系也因为在诸如伊朗核协议、北约军费分担、全球气候变化等议题上龃龉不断而备受冲击，尽管尚未危及大西洋联盟的根本，但双方疏离感明显增加。大国关系历来是国际格局的基石，大国关系的不稳定和不确定正深刻影响着未来国际格局和国际秩序的走向。

第二，基于多边主义的全球治理正遭遇"失能和失势"的危机。以规则、协商和平等原则为基础的多边主义及全球治理机制运行正遭遇前所未有的挑战。2018年初以来，美国对其主要贸易伙伴，包括中国和它的一些传统盟友发起关税战，全世界的目光都聚焦于不断升级的国际贸易冲突。美国特朗普政府坚持所谓"美国优先"原则，为获取美国利益的最大化，几乎肆无忌惮地对贸易伙伴采取包括关税战在内的霸凌政策，甚少顾及这些单边主义和保护主义的做法对国际贸易体制和全球供应链稳定的破坏。随着贸易保护主义和国际贸易摩擦的不断升级，以世界贸易组织为核心的，基于开放、规则的国际多边贸易体系的完整性受到空前挑战，世界贸易组织自身也逼近"何去何从"的临界点。与此同时，自从特朗普政府宣布美国退出《巴黎协定》后，全球气候治理机制的有效运行也面临严重阻碍。冷战结束以来，基于多边主义的规则和机制已经成为国际秩序稳定的重要基石，也是国际社会的共识。美国曾是现有国际秩序的重要建设者和维护者，如今正日益成为影响国际秩序的最大的不稳定力量。

第三，认同政治的浪潮正扑面而来。在经济全球化席卷世界多年后，许多发达国家和发展中国家中重新勃兴的民粹主义、保护主义和本土主义思潮和运动都带有不同程度的反全球化和反全球主义的认同意识，正深刻影响政府的决策和行为。这些反全球化和反全球主义指向的思潮和运动，都与当前世界经济以及各国国内经济社会演进过程中存在的发展赤字、治理赤字、改革赤字密切相关。在一些欧美发达国家，这些思潮和认同政治的发展已经演变成一种新的族群主义（neo-tribalism）认同的泛滥，其突出的政治理念是排斥外来移民、戒惧国际贸易、敌视所谓"外来者"对"自我"生活方式和价值观念的冲击，包括外来的物流、人流以及思想流。这种认同政治的强化不仅进一步加深了这些国家社会内部的分裂和政治极化的态势，还外溢到国际经济、国际政治和外交领域里，加剧了世界政治中所谓"我们"与"他者"之间的身份认同的对立。

综合上述三大趋势，我们不禁要问：当今世界是否将不可避免地走向大分化？如何有效管理国际秩序演变过程中融合的力量和分化的力量之间的张力？国际社会的各利益攸关方能否通过集体努力来共同遏制这种紧张的加剧甚至失控？对上述问题恐怕没有简单和既成的答案。但有一点是肯定的，国际社会迫切需要共同努力，通过构建新的国际共识和拓展共同利益，来缓解大分化的压力。

首先，国际社会需要共同努力，阻止冷战的幽灵从历史的废墟中死灰复燃。历史学家和国际关系学者已经对人类历史上无数次大国之间对抗冲突的案例进行了梳理，其中包括不少因决策者的战略失误而导致的悲剧，并总结出不少经验教训。这些教训包括彼此误判对方的战略意图；彼此错误处理相互之间的"安全困境"；忽视国际关系中"自我实现预言"的效应，即一国出于国内政治考虑及转嫁国内矛盾，营造所谓"外部敌人意象"，从而导致国际关系尤其是大国关系不断恶化。如今，美国及西方世界中的部分人士继续沉溺在赢得冷战的记忆中，甚至幻想着通过挑起又一场所谓对华新冷战从而使得美国重新强大。我们能否真正吸取过去的历史教训，拒绝冷战的诱惑，避免大国对抗的陷阱？

其次，国际社会应该加强合作，遏制单边主义对多边主义的侵蚀，同时更积极地推动多边主义国际机制的改革，不断完善全球治理。当前，对全球化的不满明显增加，对基于多边主义的全球治理的失望也日益增长。如何在维护国家主权（包括经济发展利益和国家安全利益）与共同推动有效的全球治理之间形成更可持续的平衡关系，是全球化和全球治理面临的重大挑战。但同样显而易见的一点是，对于我们这样一个联系紧密、相互依存不断加深的世界而言，面对越来越多的全球问题，单边主义绝不是好兆头。实行单边主义对单个国家而言也许有其吸引力，但由此所产生的问题将远多于其想解决的问题。全球问题需要全球解决方案，合作应对是唯一出路。

最后，国际社会需要创新思维，推动构建新的集体意识和认知共识。当前关于世界政治和经济发展的国际话语结构中，主流的叙事方式和分析框架依然是基于权力政治（power politics）的逻辑和认同政治（identity politics）的逻辑。尽管上述叙事逻辑依然具有一定的解释力和影响力，但已经无法涵盖当今世界政治和经济的发展现状和未来的演变方向。我们需要构建一种新的叙事方式和分析框架，我暂且称之为"发展政治"（development politics）的逻辑，从而能更全面地把握世界发展的内在动力及其发展方向。

从历史发展的宏观角度看，无论是全球化的发展还是国际秩序的演变，都将同当前非西方世界的新一轮现代化进程与西方世界正在进行的后现代的再平衡进程的走势密切关联。包括中国、印度在内的新兴经济体在前一个进程中扮演着关键的角色，而美国和欧洲等在后一个进程中扮演着关键角色。

就前一个进程而言，冷战结束以来，大规模的现代化进程席卷了非西方世界。到 21 世纪的第二个十年结束之际，广大的发展中国家，包括人口最多的中国和印度，以及东南亚、拉丁美洲和非洲，已经基本完成了现代化的初步阶段，即从低收入国家向中等收入国家的过渡。根据世界银行报告的数据，在世界银行 189 个成员国中，有将近 40 个国家是发达经济体；在 150 个发展中国家中，有 108 个国家已进入中等收入阶段，即所谓的中等收入国家。它们的总人口超过 55 亿人，约占全球 GDP 的 1/3，其中约有 40 个国家是中高收入国家。

今天，越来越多的发展中国家正在现代化的初级阶段基础上集聚力量，开启向中高级现代化迈进的新征程。这一进程在人类历史上是前所未有的。如果新一轮现代化取得成功，意味着未来 20—30 年时间里，在西方世界之外的超过 40 亿的人口将成为中产阶级，这是人类发展历史上空前的现代化，因为其所涉及的人口规模、地域范围和历史意义都远远超过前两个世纪的世界现代化进程。与此同时，非西方世界的新一轮现代化进程正面临着前所未有的挑战和困难。发展中世界面临的共同挑战是能否在不发生重大动荡的情况下步入更为先进的现代化阶段。从发展中国家国内角度看，这方面的主要问题包括国家现代化治理能力的全面提升，包括经济、政治和社会等结构的不断完善。来自外部的挑战主要是，由西方主导的现有的国际体系是否能够容忍和容纳非西方国家的集体崛起。

　　与此相对应的是，西方世界作为一个现代化向后现代阶段转型的整体，在冷战后新一轮经济全球化和科技进步浪潮的席卷下，其经济、政治和社会结构正面临着日益增多的内部发展和治理的转型压力，进入了我所称的"后现代化的再平衡时期"。其中一个突出的表征是，在许多西方发达国家，秉持开放、包容和竞争原则的全球主义、精英主义的力量，同基于保护和注重平等的地方主义、民粹主义的力量之间出现了日益严重的对立，他们分别代表了所谓"经济全球化和科技进步的受益者"同"经济全球化和科技进步的受害者"之间的分化和对立，加剧了西方内部的社会经济断层和政治极化的态势，并且正在加速反噬由西方发达国家开启的经济全球化的进程。因此，作为一个整体，西方世界迫切需要同时对自身国内治理和推动国际（全球）治理注入新的动力。就其内部经济、政治、社会等治理而言，西方世界应该通过自身的改革，提升其体制支持内部包容、普惠以及均衡发展的能力，以此保持自身政治、经济和社会体系的稳定，从而能够协调所谓全球主义和精英主义同本土主义和民粹主义之间日益对立的关系。就其与非西方世界的关系而言，西方世界特别是其领导力量应该认识到世界现代化进程的历史意义，尤其是非西方世界群体崛起的历史意义，通过不断完善内部体制和扩大现有国际体系的包容程度，来推进整个世界现代化和世界和平繁荣的进程。

　　因此，当非西方世界的新一轮现代化进程与西方世界的后现代转型进程相遇时，两者究竟是以包容、稳定、合作的方式互动，还是以排他、对抗、混乱的方式互动，将对世界政治的未来走向产生深远的影响。换言之，未来世界究竟走向大融合还是大分化，将在很大程度上取决于发达国家的后现代转型和发展中国家的现代化发展能否都取得成功，并且相互之间以何种方式互动。

因此，国际社会比以往任何时候都更需要凝聚新的共识，在未知的海洋中同舟共济。如何审视和研究当今世界政治经济格局的转变和发展趋势，对于研究者而言是挑战也是使命。上海国际问题研究院推出的"国际展望丛书"，正是为此目的。同时，也借此庆祝我院成立 60 周年。

陈东晓

2018 年 10 月

自 序

　　年过七十的人，大多爱追忆往事，而笔者一生最大的往事就是 40 多年的国际问题研究工作。恰好笔者所在的工作单位——上海国际问题研究院鼓励和帮助资深研究人员将过去的著作结集成册，并列入"国际展望丛书"予以出版。于是，笔者整理了2000 年（即进入 21 世纪）至 2023 年公开发表的论文，选出有代表性的辑成以下三本：第一本《动荡变革期世界发展和趋势：百年大变局中的观察与分析》、第二本《波澜壮阔的中国特色大国外交：实践自觉和理论自觉的视角》、第三本《自主知识体系建构及其途径：国际问题研究的思考和探索》。

　　国际问题大家都很关心且人人都可评论，似乎门槛很低，然而，国际问题变化多端，充满着不稳定性、不确定性，甚至不可知性，需要专业工作者进行专门研究。作为社会科学的一个分支，国际问题自有其发展规律和运作机制，专业工作者的任务就是要在研究、教学、人才培养中结合实际进行实践探索和理论创新。

　　笔者在有关国际问题的研究、教学、人才培养和实践中由浅入深、从具体到综合、从个性到共性、从历史和当前到未来等，在不断追求相对真理中逐步接近绝对真理。作为阶段性的总结，笔者自 21 世纪以来的国际问题研究工作大致可以概括为"论事明理、认清时势、正确判断、理论建构、使命担当"。

首先，研究国际问题大多始于"论事明理"。世界事务包罗万象，不断变化，能梳理出来龙去脉并作出分析判断就是在国际问题研究方面迈出重要的一小步了。笔者是在改革开放元年进门入行的，当时因国家长期封闭的缘故，对外部世界所知极其有限。现在看来，当时的许多研究其实也就是资料的搜集和整理工作。但在那样的条件下，要把国际上发生的事情说清楚，又谈何容易。当时主要的信息来源是《大参考》。此外，单位花费了宝贵外汇订阅的《纽约时报》和《泰晤士报》等报刊的航空版，最快也要出刊后三四天才能收到。为了争取时效，笔者所在单位还获准收听外电外台。这些使外人非常羡慕的国外资料，实际上还是远远落后于世界发生的大事和小事，更不能进行真正意义上的国际学术交流和田野调查等。至于当时那些做卡片、贴剪报、搞摘抄等工作方法，对于当下习惯于电脑、网络、手机的年轻同事们来说是难以想象的，而我们就是这么一路走过来的。

其次，认清时势是中国学者研究国际问题的"看家本领"。从古至今的大家名人，对时代和趋势都有深刻的研究和透彻的领悟。就是中国老百姓，大多也会说"时势造英雄，英雄造时势"这样富有历史观和哲理的话语。认清时势的前提是科学分析和正确判断，这是基于和难于"论事明理"的更高层次的研究。国际问题研究以时政和动态研究为主，往往事发突然，决策情况多因保密而难知其详，而公开的信息资料虽多但需大浪淘沙后方可使用。在此条件下，作出科学、客观和正确判断的难度可想而知。但是，笔者认为，在正确的理论指导下，从历史中寻找启示、在现实中观察分析、到未来时比较检验，符合在不断的往复循环中进行比较和逐步摸索的认识规律，因而也就不失为行之有效的办法。研究国际问题就是为了认识世界和把握规律，争取在顺境时乘势而上，在逆境时蓄势待发。当代的中国国际问题研究要学以致用，为中国的改革开放和现代化建设创造有利的内外环境。因此，研究国际问题要小中见大、大小结合，搞清楚一次事件和一个问题固然重要，但更重要的是，要通过具体问题的研究认清时代潮流、明确历史方向。由于宏观研究和大局把握需要广博的知识、扎实的研究和合适的方法，笔者认为由比较资深的专家学者承担这样的任务比较合适。

再次，在扎实研究基础上进行科学和客观的分析判断。国际问题研究对象和问题众多，都需要我们透过现象看本质。但是，如果说过去的分析判断苦于信息的不足，那么当前的问题则是信息泛滥，真假难辨。而且，专业研究还受到快餐式需求的严重影响，数十年来的手机阅读和网络文化不仅广泛而深刻地改变着人们的思维习惯，也日益影响着专家学者的研究方法和表述形式，碎片化和即时性等干扰着客观和深入的研究。面对这些挑战，专家学者更加要沉得住气，去伪存真，抓住本质，尽可能地客观分析，作出正确研判。

接次，"理论建构"不是所有国际问题研究工作者都能做到的，但却是学界同仁们的努力方向。提高理论认识水平和建构能力是国际问题研究的高层次追求，也是理论自觉的起点和归宿。就当代而言，中国国际问题研究的理论建构包括但并不限于以下四个方面。其一，政策决定和实施的原则、机制和调整的理论研究，这属于"决策论"，虽然只是理论的起步，但却是不可或缺的组成部分。在相当长一段时间里，这个问题是一些在海外求学和工作的中国籍或华裔学者的研究重点。笔者也曾撰写过一部专著：《后冷战时期的中美关系——外交政策比较研究》（上海人民出版社 2000 年版）。其二，国家大战略、国家总体外交战略和重要领域战略在中国国际问题研究的理论中占有特殊的地位，主要研究中国传统战略思想、当代中国战略理论和国际战略理论比较等。例如，邓小平国际战略思想要先于邓小平外交思想成为中国政界和学界的通用概念和常用词汇。其三，国际问题研究的专业理论体系建设。党的十八大以后，在习近平外交思想指导下，国内学界加强了中国特色大国外交理论的体系化建设，笔者也为此而进行探索和创新，撰写了多篇学术论文，出版了多本专著，后者如《中国外交理论和战略的建设与创新》（上海人民出版社 2015 年版）和《中国特色大国外交的理论探索和实践创新》（世界知识出版社 2019 年版）等。其四，政治理论、专业理论和学术理论的融合发展。这项工作的重点和难点在于应对中国走向和走近世界中心所需的实践探索、学术研究和理论创新等。即便如此，中国学界同仁们在困难面前倍加努力，笔者的《习近平外交思想的科学体系》（载习近平外交思想研究中心编著：《习近平外交思想研究论文集》，世界知识出版社 2022 年版，第 1—21 页）也是相关研究的最新心得。

最后，"使命担当"是国际问题研究工作者的动力和目标。国际问题瞬息万变，但国际问题的研究要有定力，不能为博取眼球而故作惊人之语或大肆炒作，更不能为赢得流量而使严肃的专业研究沦为赚钱的产业。相反，国际问题研究在中国的改革开放和现代化建设中负有重要的使命。一是要有理想信念。中国正在通过中国式现代化实现中华民族的伟大复兴，我们不仅要当这一历史进程的见证者，更要当参与者。而且，中国崛起是当今世界最为重要的事件之一，中国式现代化和中华民族的伟大复兴也是人类社会进步的重要组成部分。作为学者，我们要常怀经国济世的理想，常做联系实际的研究，要把论文写在祖国甚至世界的大地上，要把研究成果转化为生产力，通过专业和学术工作造福人民。二是要高举公平正义的旗帜。中国历来主张公平正义，而作为中国的研究者，我们要比西方学者更有正义感和使命感，争取早日实现"中国应当对于人类有较大的贡献"的伟大理想。三是要为建设新型智库夯实基础和培养复合型人才，前者的重点是为国家做好咨政建言工作，后者的重点是促进人才流动和转换。而且，还要从更加长远和广阔的视野看，中国的国际问题研究和教育应当走向世界、示范世界和引领世界。

当代的国际问题研究工作者始于"学业"和"职业"，并追求"专业"和"事业"。就专业和事业而言，当前的一项重要任务就是要建构国际问题研究的自主知识体系。习近平总书记2022年4月25日在中国人民大学考察时指出："加快构建中国特色哲学社会科学，归根结底是建构中国自主的知识体系。"笔者在从事国际问题研究的岁月里，逐步参与了中国特色国际问题研究自主知识体系的建设。初步确立和实践了以下五个方面的理念。

第一，用好现有知识。包括学科知识在内的人类知识体系的建构是个不断传承和不应中断的发展过程。在求知和用知的过程中，笔者认识到，对古今中外所有的知识，不要轻易否定。"文化大革命"期间"破四旧"是笔者挥之不去的梦魇，如此的历史教训令人叹息不已。对于一时难以确定的，可以先予留存，时间和实践往往是最好的检验者。

第二，形成新知识。冷战结束以来，中国在国内发展、国际关系和全球治理等方面进入了知识更新和创新的新阶段，有些新知识已经脱颖而出，更多的也是呼之欲出。例如，中国特色大国外交和国际关系理论、地缘战略和地缘政治、经济科技新变化、全球治理新问题新机制、地区和跨地区的新态势新趋势等，凡此种种，不一而足。需要指出的是，新知识的形成和发展有其自身规律，不可能一蹴而就，既要有见微知著的洞察力，也要有春风化雨的转化力。

第三，创立新学说。当代中国方兴未艾，新思想新理念新学说不断涌现。在当前中国的区域国别学学科建设中，或在改造旧有学说中推陈出新，如从中心-边缘论向东升西降论的蜕变；或在更新原有学说中与时俱进，如地缘政治向地缘生态的拓展；或在假设新的学说中创新发展，如航空航天向天外关系的升华等。在中国创造新学说的进程中，笔者的作用虽然微不足道，但念兹在兹，常绕于心，付之于行。

第四，体现新特点。与西方相比，中国的国际问题研究自有特点。在历史上，我们批判西方的殖民主义、帝国主义、霸权主义，以及西方中心论和优越论。在现实中，我们强调包括中国在内的发展中国家的国家主权、安全和发展利益。在未来努力方向上，我们高举合作共赢公平正义旗帜，分阶段推进人类命运共同体。

第五，建构新体系。建构新的知识体系需要量变、催化和质变三个阶段，即新知识的巨量积累，继而形成具有催化作用的关联结构，最终质变为系统整体的新体系，需要从感性到理性的长时间实践、探索和理论总结。此外，创造或具备突变的催化条件是从量变的循序渐进到质变的关键过程，中国的区域国别学和国家安全学成为国家一级学科就是一次重要的飞跃，其基础是同行们的不懈努力，其催化则是内外的客观需要。而且，要探索各种构建新体系的途径，有的是在已有成果上逐步形成的，有的则是在创新假设中逐步落实的。就中国的国际问题研究的自主知识体系建构而言，大概率是以前者为主后者为辅。

"温故而知新。"笔者通过对过去20多年研究工作的系统梳理和回顾总结，确实又有了新的、更加深刻的认识。前述关于国际问题研究的诸多"应然"和"已然"，多少带有学者的理想追求和书生意气。事实上，在过去的25年里，笔者虽然努力思索、勤于笔耕，但成果终究不多，而选入这三本的则更加有限了。从某种意义上讲，笔者的点滴心得体会或许对同行特别是中青年学者多少有些启迪，对广大国际问题的关注者或许也会有所帮助。

是为序。

杨洁勉

2023 年 11 月 30 日

前　言

　　当前，世界乱象丛生、迷思泛滥，不确定不稳定因素急剧增多，世界进入了动荡变革时期。国际社会非常关注国际形势的快速变化和国际力量的重新组合。世界主要大国和国家集团都很重视研究全局性和趋势性问题，但因各自处境和追求不同而时常得出相异的结论。处于蓬勃上升时期的中国的研究重点是如何顺应历史潮流而为改革开放创造更加有利的内外环境，正在相对衰落的美国的研究重点放在争取国内中兴和维护世界霸权，曾经阔气而往昔难再的欧洲则是借助规则规范保住"大国"地位。

　　自世纪交替以来，笔者的研究也逐步向纵深方向发展，而担任了上海国际问题研究所/院的领导后也特别需要研究和综合诸如国际形势、大国关系和国际体系等宏观问题。古人云："不谋全局者，不足以谋一域；不谋万世者，不足以谋一时。"中国传统哲学和优秀思想历来重视长期和全局地观察和分析天下问题，中国化马克思主义更是强调历史唯物主义和辩证唯物主义的立场、观点和方法。因此，笔者自世纪交替以来的研究重点在于从林林总总的国际问题中抓住主要矛盾和把握大的方向。虽然研究成果不尽如人意，但笔者坚信当代的时与势在中国一边，中国需要紧抓时机、善用机遇，努力趁势而上并顺势而为，在自身发展的同时促进人类社会的进步。

有鉴于此，本书分别以"国际形势""大国关系"和"国际体系"为上、中、下三编，汇集了笔者过去二十多年有关研究、分析、判断和展望的主要著述。

上编"国际形势"收录了以下三篇论文：《超越地缘政治学说：对国际反恐的再认识》在分析"9·11"事件和国际恐怖主义时指出，在研究 21 世纪的国际关系时既要善于利用地缘政治学说，又不能囿于地缘政治学说，而应以多视角和多层次的分析方法重新审视国际形势。笔者认为，美国和西方至今过分强调地缘战略和地缘博弈再次显示了它们的历史局限性。《论"四势群体"和国际力量重组的时代特点》的重点是笔者以中国文化精髓的"势"来分析当前国际格局的变化和国际形势的发展，同时也希望用"群体"（group）而不是"集团"（bloc）的概念作为分析当前国际力量重组的切入点。现在回顾当初的"得势"（新兴大国）、"守势"（美国）、"失势"（欧洲和日本等）、"弱势"（发展中国家）的划分仍不失为分析国际形势的有效视角之一。《当前国际形势发展的周期规律和阶段变化刍议——兼论中美关系的运动轨迹和发展趋势》则认为国际形势发展呈现出明显的周期性特征。在不同的周期内，冷战思维与和平共处思想不断碰撞，以意识形态划界和务实发展思路并行存在，从而塑造了不同的安全理念、发展理念与外交政策。

中编"大国关系"收录的四篇学术论文都是党的十八大以后发表的，本编体现了笔者在新时代对大国关系思考的新特点。其一，超越通常的双边大国关系进而对中美欧俄等多边互动关系进行分析和研判。笔者认为，中俄美欧四方战略关系正在从冷战后的总体稳定走向相对动荡，集团性对抗和"新冷战"的鼓噪时有泛起，美国把中国定性为主要对手，欧洲联盟（简称"欧盟"）视中国为系统性挑战。与此形成强烈对比的是，党的二十大则提出："促进大国协调和良性互动，推动构建和平共处、总体稳定、均衡发展的大国关系格局。"其二，总结大国在区域（亚太和"印太"）和领域（海洋）上的互动联动关系新特点和新趋势。在新形势下，中美印欧俄日等国在亚太地区的战略围堵和反围堵等矛盾突出，真假多边主义斗争激烈，风险管控和危机管理需要紧迫，所有这些都要在统筹大局下决定轻重缓急并逐步解决。其三，强调研究大国关系要有新思维、新方法、新理论。例如，要从现实中发现规律，要从趋势中判断方向，要在挑战中捕捉机遇，要在创新中建设理论等。其四，大国的相互定位特别重要。笔者认为，大国的自我定位、相互定位和共同定位如能基本一致，就有利于维护和促进世界的和平与稳定。反之，大国间的分歧和矛盾将会扩大和激化，势必加深国际对立和冲突，阻碍和破坏全球经济和社会发展。

下编"国际体系"共收录五篇文章，本编从两个方面研究和分析了当代国际体系的现状和发展趋势。一方面，当代国际体系必须改革，也一定能够改革。笔者认为，在冷战结束的三十年里，国际体系终结了美苏主导的雅尔塔体系，但又在相当程度上延续和发展了第二次世界大战后国际体系的一些主要框架，处于突变后的长期渐变过程中。未来三十年，国际体系将可能从后冷战转型时期进入新体系最终定型时期。这一进程大体上与中国的第二个百年奋斗目标同步推进，届时国际体系将完全结束自近代以来以欧美为中心和由其主导的局面，世界将开启东西方力量相对平衡和世界多极化基本稳定的新时期，国际社会建设新体系的历史进程将朝新型国际关系和人类命运共同体迈出更坚实的步伐。另一方面，国际体系改革不仅要有基本原则，还要有路线图和具体方案。各种方案只有经过碰撞和磨合才能最终达成最大公约数。形成全球治理体系建设共识是共性和个性长期互动的进程，各方的意见和权益有重合也有不同，需要多方协调和妥协，但需要有底线，即坚决维护绝大多数国家和人民的正当权益。同时，各种实践和方案要根据由易到难和从近及远的顺序进行。例如，在共识较多的经济治理和环境治理方面可以先行先试。又如，在分歧较大或较多的安全军事治理方面，可以让智库多做探讨和铺垫工作等。而且，还需要在不断取得阶段性成果的基础上达成新的国际共识，并逐步提升为体现合作共赢的总目标和大方向的体系建设。

总之，笔者认为："风险和挑战总会伴随人类社会前行的步伐，世界会在一次次应对挑战中加强合作，全球治理体系也会在不断回应时代需求中更加完善。只要各国共同携手、共建人类命运共同体，就一定能够开创人类文明更加美好的未来。"[1]

---

[1] 杨洁勉：《构建人类命运共同体是人间正道（人民要论）》，载《人民日报》2020年7月9日，第9版。

目　录

丛书总序　_1

自序　_1

前言　_1

上编　国际形势

超越地缘政治学说：对国际反恐的再认识　_3

论"四势群体"和国际力量重组的时代特点　_16

当前国际形势发展的周期规律和阶段变化刍议

　　　——兼论中美关系的运动轨迹和发展趋势　_27

中编　大国关系

中美俄的亚太战略互动：动因、特点和理论建构　_47

新时代大国关系与周边海洋战略的调整和塑造　_60

当代大国相互定位及时代特征分析　_74

中俄美欧战略互动特点和发展趋势　_94

下编　国际体系

二十国集团的转型选择和发展前景　_119

构建人类命运共同体是人间正道　_132

当代国际体系的渐变和嬗变

　　　——基于两个三十年的比较与思考　_137

当前国际格局变化的特点和全球治理体系建设的方向　_156

中国式现代化和全球生态治理互动的探索与创新　_178

附录　2007 年与罗伯特·基欧汉有关世界格局的对话　_181

后记　_186

上　编

国际形势

超越地缘政治学说：对国际反恐的再认识 *

  "9·11"事件震惊了世界，国际恐怖主义凸显了非传统安全因素在当今国际关系中的作用。迄今为止关于"9·11"事件的研究大多是从地缘政治学说的角度切入和分析，尽管这是必要的，但却不够。面对恐怖主义等非传统安全威胁的挑战，我们必须超越传统的地缘政治学说，以广阔的视野和新的观念去研究、分析、应对，直至解决国际恐怖主义。

一、 国际恐怖主义及其界定

  恐怖活动在人类历史上可说是由来已久，但直至 18 世纪以前，恐怖主义一般都限于本国疆域内。19 世纪，恐怖主义开始超越国界。20 世纪 40—60 年代，国际恐怖主义开始形成规模，90 年代则日益猖獗，严重干扰和破坏着世界的和平、稳定与发展。

  冷战结束后，滋生恐怖主义的各种因素增多。就其现实动因而言，民族矛盾和种族冲突是国际恐怖主义猖獗的主要原因之一。而宗教激进主义等宗教因素凸显、科技的进步、现代通信技术和运输工具的不断发展、大众传媒的进一步普及、国际人口流动的增多，使国际恐怖主义的活动范围变得更广泛和不确定，蔓延速度越来越快，影响日益扩大。[1]

---

 * 原文载《现代国际关系》2002 年第 6 期，第 22—27 页。

[1] 王世雄、胡泳浩：《评冷战后的恐怖主义泛滥》，载《现代国际关系》1998 年第 9 期，第 31 页。

当代国际恐怖主义可以分为以下四种类型。一是民族主义型恐怖主义。民族问题的形成具有深远的历史根源，它与种族、边界、宗教等问题纠缠在一起，成为许多国家长期的不安定因素。二是宗教型恐怖主义。目前，世界形势剧变，不知所从的人们从超自然的宗教中寻求精神寄托。因此，以宗教激进主义为代表的宗教型恐怖活动迅速在全球各地蔓延，其势头有增无减。宗教性质的恐怖活动已成为当代恐怖主义的主要形式。三是极右翼恐怖主义。极右翼恐怖主义的典型代表是泛滥于欧美的右翼恐怖组织，已成为那里的社会难题。极右翼恐怖主义泛滥的原因是：社会的两极分化、失业和贫困人口剧增，移民问题凸显、种族主义思想泛滥等。四是极左派恐怖主义。极左派恐怖主义的出现具有复杂的政治社会背景。20 世纪 60 年代，西欧出现了一些由青年人组成的极左派恐怖组织，其中最著名的是成立于 1968 年的德意志联邦共和国"红军派"和成立于 1969 年的意大利"红色旅"。[1]

国际恐怖主义是反人类、反文明、反进步的国际性罪恶，也是世界各国人民共同诛讨的对象。但是，如何正确界定、稳准狠地打击及彻底铲除国际恐怖主义却是至今尚未解决的国际性问题。世界各国和各种力量对恐怖主义的定义看法不一，其主要原因是它们各自的立场、利益和目标不尽一致，联合国迄今也无法拟订出一个为世界普遍接受的定义。

目前有关国际恐怖主义的定义约有 100 多种。《中国大百科全书·法学》把国际恐怖主义定义为：个人或组织在国际间有意识地使用暴力制造恐怖，并以杀害或威胁杀害个人或人群的生命、破坏公私财物为手段，以实现某种政治或其他目的的行为。笔者在此基础上认为，国际恐怖主义是指某些个人或集团具有某种政治和社会等目的，在国际上针对特定的机构或个人采用暴力或非暴力的袭击及威胁，或者为了制造恐怖气氛以至有目的地滥杀无辜并造成严重后果的行为。这一新的界定主要有四层含义：一

---

[1] 参见朱素梅：《当代恐怖主义的类型与反恐怖主义》，载《国际关系学院学报》1996 年第 4 期，第 1—4 页。

是恐怖主义范围为国际性。国际恐怖主义不同于纯属国内范畴的恐怖主义，它直接涉及两个以上国家的国民，或者恐怖分子不具有罪行发生地的国籍，包括第三国国民通过或者教唆罪行发生地的国民进行犯罪。否则，只能算是国内恐怖行为，只受国内法管辖。[1]二是把国际恐怖主义的目的从政治扩大到社会或其他方面，因为当前出现了恐怖主义原因的多元化，即非政治性导源因素的相对加强。有时也会出现一些表现性的恐怖主义，它们不再是那种具备崇高"理想"或"主义"的派别，也不具备有组织的行为，大开杀戒只是为了发泄成员们内心积累已久的痛苦、愤怒和受挫的情感，或者仅仅是为了证明它们自身的存在。[2]三是在国际恐怖主义手段中增加了"非暴力"。世界科技的进步使人类的政治、经济、社会生活日益便捷，但又十分脆弱。包括电脑网络在内的信息技术不仅成千上万倍地扩大着社会和经济效益，而且还使人类的许多活动依赖于电脑网络的运转。以基因工程为代表的生物科技革命在造福于人类的同时也可能会给人类带来一系列重大难题。国际恐怖主义很可能为了达到造成巨大心理压力的效果而在信息、生物等技术领域采取破坏活动，其过程或许是很"文明"或很"科学"，其后果却都是世界末日般的灾难。四是强调了滥杀无辜。是否滥杀无辜是区分恐怖主义与否的一个极其重要的标准。不管采用恐怖暴力或非暴力者的理想多么"伟大"或"崇高"，只要这些行为直接滥杀无辜，那它就是恐怖主义，就是犯罪。

二、"不变"中有"变"的世界格局

所谓"世界格局"，简言之，就是世界力量对比的现状和发展趋势。在后冷战时期，美国居总体优势，其综合国力呈相对上升趋势。"9·11"事件之后，国内外的专家学者对世界格局是否会随之发生根本的变化进行了

---

[1] 柳炳华：《国际法》，北京：中国政法大学出版社1997年版，第396页。
[2] 王世雄、胡泳浩：《评冷战后的恐怖主义泛滥》，载《现代国际关系》1998年第9期，第31—32页。

深入的讨论。大多数专家学者认为，"9·11"事件严重地冲击了世界格局和当代国际关系，但后者尚未发生质的变化。美国哈佛大学肯尼迪政治学院院长、前助理国防部长约瑟夫·奈（Joseph Nye）虽称美国是当今世界的唯一超级大国，但也认为，美国的力量有三个层次，在军事上独占鳌头，在经济上同其他主要力量趋向平分秋色，在文化上则胜负未定。[1]

因此，"9·11"事件后，美国利用其受害者的道义优势和唯一超级大国的综合国力优势继续推进单极化。美国组建了以其为主导的国际反恐联盟，加强了它在盟国中的"中心"地位，争取到绝大多数有关国家的支持，调整了同俄罗斯、中国、印度、巴基斯坦等国的关系，强化了它在国际事务中的地位和作用。阿富汗战争得手后，美国似乎更加踌躇满志，一意孤行。利用"9·11"事件带来的"机遇"，美国再次占领 21 世纪世界政治的制高点，在全球范围内制定出反恐的游戏规则。虽然有不少国家反对美国单极世界的图谋，但它们同时不放弃与美国改善关系的努力。美国也正利用这种心态，采取分而治之的办法，逐一分化"多极"阵线。它的单边主义更加变本加厉，国际力量对比严重失衡，国际社会缺少对美国的制约因素。因此，"当前世界格局的多极化趋势和单极化趋势仍在继续发展，仍在继续斗争"。[2]

虽然世界格局没有发生根本变化，但确实增加了新的变数。中国现代国际关系研究所所长陆忠伟研究员指出，"9·11"事件及其后续发展从深层次影响和改变着国际局势，世界陷入了局部动荡、局部战争、局部紧张的形势之中。冲突的局部性虽不至于破坏总体缓和的态势，但使世界局势从稳定的静态变为动态，出现了"稳而不定"的特征。[3]从目前来看，新的"变数"主要体现在大国关系和中亚、中东等地区局势走向上。

---

[1] Joseph Nye, *The Paradox of American Power：Why the World's Only Superpower Can't Go It Alone*, New York：Oxford University Press, 2002.

[2] 李景治：《"9·11"事件后国际形势的特点及走向》，载《国际论坛》2001 年第 6 期，第 5 页。

[3] 陆忠伟：《把握世界局势的脉搏》，载《现代国际关系》2002 年第 1 期，第 1 页。

就大国关系而言，"9·11"事件之后明显呈现出了四个特点。第一，世界主要大国调整和加强了相互关系。在世界主要大国中，美国、欧洲大国（如英国、德国、法国和意大利）、日本、俄罗斯及中国一致谴责国际恐怖主义。一些主要的地区大国，如印度、巴基斯坦、印度尼西亚等也在反恐和打恐中明确立场，联合反恐。在国际反恐斗争中，大国反恐根本利益的一致性，奠定了当代国际关系的一致性和全球性。第二，"9·11"事件后，世界主要大国在处理世界事务时努力避免相互间特别是同美国发生直接对抗。美国盟国在利益上虽然同美国不尽相同，但为了其整体利益而在重大原则问题上同美国保持一致。俄罗斯和中国避免同美国发生正面冲突。因为对于它们来说，当前最主要的任务是稳定内部和发展经济，它们需要集中全部精力营造有利的国际环境，而不愿意把宝贵的资源用于和美国这个超级大国打"消耗战"。第三，一些原先因种种原因而在安全问题上采取低姿态的国家，如日本和德国，借机拓展其国际活动空间。德国和日本都搭上国际合作反恐的"便车"，派兵参与国际军事行动。日本国会在"9·11"事件后短短一个多月内，史无前例地通过了《恐怖对策特别措施法案》《自卫队法修改案》和《海上保安厅法修改案》。据此，日本自卫队不仅可以在公海上支援盟军的军事行动，而且在"征得有关国家同意"之后，可以进入该国的领土、领空和领海从事"后方协助"，并可以根据情况在有关国家的领土上使用武器进行自卫。这一具有倾向性的举动迟早会给全球和地区国际关系带来巨大影响。第四，世界主要大国间关系更具有不确定性，主要表现在国际政治和经济秩序、战略利益的协调、相互信任、意识形态和价值观念等方面。联合国的作用不断面临"边缘化"的威胁，世界主要大国的协商机制受到侵蚀。此外，以美国为首的西方及一些政治力量推出"新帝国"论、"整合"论等，试图从理论上和政策上确立美国的"独大"地位。从长远来看，这些都为今后世界主要大国之间矛盾的激化留下了伏笔。

就中亚和高加索地区而言，原有的力量对比被打破，呈现出"美进俄退、合作竞争"的局面。美国势力上扬，但尚无法独揽地区事务。俄罗斯在中亚不再拥有绝对优势，但仍会利用多种资源影响和控制中亚，俄美将在中亚寻求新的利益分割点。中亚国家外交实用色彩将更趋浓厚。如果说，在"9·11"事件之前，俄罗斯在中亚和高加索地区的安全问题上尚占据一定优势的话，那么"9·11"事件之后俄罗斯也正面临"丧失"其地区优势的危险境地。今后中亚和高加索地区的走势很可能是：首先，俄罗斯和美国在中亚和高加索地区将继续合作，主要表现为合作反恐和可能的能源合作。其次，中亚和高加索国家继续奉行大国平衡外交，争取为自己的经济发展和社会稳定创造更好的国际环境。一方面，它们积极与美国接近，争取实惠。另一方面，它们也在发展同俄罗斯的关系，表明其并未采取"非此即彼"方针，无意完全倒向美国。再次，俄罗斯并不是一味消极退让，而是退中有守，守中有攻。俄罗斯等国已经将独联体集体安全条约改为组织，主张加强上海合作组织在安全方面的合作。考虑到俄罗斯在历史影响、传统联系、地缘政治等方面对中亚和高加索地区不可忽视的影响，其在该地区油气外运、经贸往来、军需品供应等方面仍有制约美国的手段。最后，美国无法在中亚和高加索地区独揽全局。"9·11"事件后，美国在中亚和高加索的影响大为扩大，但是，美国同该地区在政治制度、意识形态和社会稳定等问题上存在着严重的分歧，只是由于反恐的需要而暂时搁置。已有迹象表明，美国增加了对该地区一些国家的政治反对派的支持，美国同这些国家当政者的矛盾有可能激化。

就中东地区而言，固有的民族、宗教矛盾和各国内政危机呈激化趋势，地区经济面临新的困难并可能引发政治和社会问题。美国同埃及、沙特等阿拉伯盟友的矛盾增加，它在中东的两大热点（伊拉克问题和巴以冲突）上的政策使中东地区的局势更具有爆炸性。一方面，美国把伊拉克视为"邪恶轴心"国家，并计划在反恐的第二阶段把伊拉克作为主要打击目标，有关国家和政治力量对此纷纷作出反应，有的甚至还被迫重新站队表态。另一方面，巴以冲突日益严重，以色列沙龙政府在美国的纵容下采取强硬政策，甚至出动部队围困阿拉法特长达 34 天之久。而巴勒斯坦的一些极端组织和个人在力量对比绝对悬殊的情况下，铤而走险，使中东和平的希望更加渺茫，中东政治变数进一步增大。

必须指出的是，"9·11"事件的后续发展还只是刚刚开始的过程，随着美国反恐和恐怖主义交替互动的深入开展，它还会对世界格局、世界经济、国际关系、美国内外政策产生重大影响。

三、 思维方式和安全观的反思

有的学者认为，"9·11"事件给世界带来了三个普遍的、具有持久重要性的挑战。第一是各国在安全方面面临着全球化带来的挑战。第二个是进行国际合作，使政治而不是武力成为世界事务的核心。第三个是从根本上消除恐怖主义的源头，如在世界许多地方盛行的种族和集团间冲突以及集团情绪的泛滥和被人操纵。[1]面对着如此突然的巨变，世界各国和多种力量都在反思各自的思维方式和安全观。

首先，"9·11"事件促使世界各国决策者重新审视自己的思维方式和行为范式，冷战思维方式正在受到极大的冲击。冷战时期两极对立，壁垒分明，人们形成了"非此即彼"的思维方式，这种思维方式一直延续到后冷战时期，严重束缚了人们对"双（多）赢"、必要的妥协、扩大合作等方面的拓展，延迟了国际新秩序的建立，事实上也提高了解决全球性问题的难度。"9·11"事件后，美国一度比较注意区分伊斯兰教和恐怖主义，较多地照顾阿拉伯国家的情绪，开始认识到过分迁就以色列的政策具有严重负面影响，但这种务实思维始终未能占据主导地位。

冷战结束后，尽管人们已经意识到今后的世界事务和国际关系将会发生根本的转变，初步认识到传统的安全威胁正在下降以及非传统的安全（即所谓的"全球性问题"）威胁正在上升，但在具体应对上明显滞后，在实际决策和实施中，大多沿袭固有的思维方式和行为范式，重点依旧是民

---

[1]　[英]弗雷德·哈利迪：《新的世界，但混乱依旧》，载英国《观察家报》2002年3月10日。新华社伦敦2002年3月10日英文电。

族国家这一行为体，甚至坚持寻找以国家为唯一目标的安全威胁。布什政府提出"邪恶轴心"论和美国一些右翼保守势力一再鼓吹的"中国威胁论"即典型的例子。但另一方面，反恐合作又迫使世界各国必须从次区域、区域乃至全球的范围确定本国的根本国家利益和制定相应对策。当代科技生产的发展以及现代化的通信和交通手段已经使世界各国融为一体，相互依存度大为提高。各国决策者的局限性主要是出于国内考虑。在缺乏明显外敌的情况下，一国的外交安全政策往往会更多地受制于国内政治，长远的国家利益和近期的局部利益之间往往会产生矛盾，各国决策者往往会因维护自己的政权利益而牺牲国家的长远利益。各国制定外交政策时的本位主义必然造成世界的"无政府状态"，迄今还没有超国家的"全球政府"从整体上协调世界各国的利益。历史表明，如果一个国家只从本土疆域范围确定其根本利益，不仅不能维护其长远的根本利益，而且也不利于解决其面临的急迫问题。因此，世界各国必须具有更加有效的危机管理机制框架，以应对层出不穷的各种新挑战。冷战结束以来的一系列国际危机，如伊拉克入侵科威特危机、亚洲金融危机、科索沃危机、"9·11"事件及其他一些较次规模的恐怖事件一再证明，传统国家的危机管理机制已难以充分有效、合理地解决国际社会出现的新的安全问题。而且，各国之间、次区域、区域和全球性的危机管理机制更成问题，建立和健全各类危机管理机制已成为当务之急。

其次，冷战结束以来的一系列事件表明，科学技术进步可以造福于人类，也可以危害人类文明；"开放和民主"的政治体制可以提升人类的境界，也可以为恐怖主义提供更大的犯罪机会；各种文化和文明的交汇从整体上有利于世界进步，但也容易导致极端思想的产生和发展。而要应对这些挑战，就必须要有新思维。只有在深刻总结以往经验教训的基础上，世界各国才有可能寻找到合理的解决方案。"9·11"事件使人们更进一步认识到，世界各国既要善于利用时代进步所带来的积极因素，也要积极应对伴随而来的各种挑战。

在这方面，欧洲的反思远比美国来得深刻。欧洲的许多专家认为，某些极端主义思潮与以美国为首的西方推行的政策有关：自冷战结束以来，西方错过了政治解决贫困、毒品、专制、饥饿、种族主义和宗教激进主义等问题的机会；对伊拉克进行非人道的制裁；单方面和永不更改地支持以色列及其违背国际法的定居政策；毫无顾忌地传播被伊斯兰世界拒绝并认为颓废的价值观等。[1]

最后，不能否认，主导西方的毕竟是美国，只有美国改变了，西方才可以说改变了自己的认识。"9·11"事件的首要攻击目标就是美国的政治经济中心，美国本土已不再是安全的"避风港湾"。这种冲击迫使包括美国在内的世界各国对传统的安全观进行反思，并出现了一些新认识、新变化：（1）安全及维护安全的手段是全面的和多方面的。自古以来安全就是人类追求的头等重要的目标。但是，目前世界各国基本上采取的是传统意义上的安全观，即防止其疆土、资源、人口等受到外敌侵犯。但是，当人类进入21世纪之时，安全的内涵已大大扩大，既有军事上的安全，也有经济、政治、社会、文化和信息等方面的安全。在世界进入21世纪时，人类迄今的科技军事进步已经给人类自身安全带来了无数的挑战，世界各国特别是主要大国的政治经济中心十分脆弱也易受攻击。传统的军事手段已明显不能对付21世纪的安全挑战，只有全面和多方面依靠各种力量和手段，才能从根本上保障安全。（2）传统的军事结盟已不足以对付新挑战。与以往不同的是，世界各国在相当程度上面对的不是国家行为体，而是非国家行为体。世界各国在利益、威胁、应对等方面不断分化组合，很少有固定的盟国和敌国。世界各国必须跳出传统军事结盟的框架，从根本上铲除安全问题的根源，努力追求共同安全。（3）以国际恐怖主义为代表的新威胁使世界各国在安全上难以找到明确的打击目标，也难以区别后方和前方，还会对今后人类集聚方式、建筑业、公共活动等产生严重的心理影响，重视避免成为恐怖主义袭击的"有价值"目标。[2]只有用新的安全观念才能制定

---

[1]［德］延斯·乌韦·黑特曼：《采取包容全球政策而不是西方独断专行》，载德国《国际政治与社会》季刊2002年第1期。转引自《参考消息》2002年1月29日。

[2]《大公报》2001年9月18日。

出有效的安全政策。

但是，我们还应当认识到，当前的国际关系处于世界格局尚未完全定型的过渡时期，也是传统安全问题和非传统安全问题相互交叉的时期，因此充满了变数。各国在战略思想和思维方式上各具特色，在具体政策和应对措施上各行其是，所有这些都增加了国际安全环境的曲折性和复杂性。[1]

四、 超越地缘政治学说

研究国家安全问题应当超越地缘政治学说。从传统的地缘政治学说考虑安全问题，是有道理的，因为一个国家的安全首先要保证其人民、领土、主权等不受侵犯。海权论和陆权论也是从地缘政治的两个方面探索国际关系。当代著名的战略家如亨利·基辛格（Henry Kissinger）和兹比格涅夫·布热津斯基（Zbigniew Brzezinski）都十分重视"均势"等地缘政治因素。2001 年 10 月 7 日美国发动对阿富汗的战争后，用地缘政治认识和分析当代国际关系的专家学者日渐增多，布热津斯基《大棋局》一书中关于欧亚板块的论述被反复引用。有的学者指出，阿富汗战争的打响，使人想起了在核时代一度被遗忘的地缘政治学说及中国古代"假途伐虢"的故事。[2]

但是，在当今和今后的世界，地缘政治学说在解释当代和今后世界时的局限性是显而易见的。纯粹用国家之间关系是无法完全理解"9·11"事件的。仅以传统的地缘政治恐怕难以正确、准确、全面、客观地认识当前变化着的世界，也容易陷入你争我夺与你赢我输的"零和"思维，并由此误导人们的判断及决策。因此，在研究 21 世纪的国际关系时，既要善于利用地缘政治学说，又不能囿于地缘政治学说，而是应以多视角和多层次的分析方法重新审视国际恐怖主义及其对当代国际关系的冲击和影响，以地

---

[1] 杨洁勉：《安全环境发生变化》，载《人民日报》2001 年 12 月 24 日第 7 版。
[2] 陆忠伟：《把握世界格局的脉搏》，载《现代国际关系》2002 年第 1 期，第 3 页。

缘经济、地缘环境、全球性问题、跨国合作等多种理论框架和分析手段弥补地缘政治学说的不足，积极探索国际恐怖主义产生的深层次原因，并研究超越传统的国家之间关系的范畴，将更多的注意力置于国际恐怖主义滋生和发展的跨国问题，如宗教、民族、能源、社会思潮等，在更广阔的范畴用崭新的视角对国际恐怖主义产生的条件及其解决方式作出科学合理的分析和评估。

在当代国际政治研究中，我们尤需特别重视以下三类非国家行为体的作用：一是国际组织。国际组织分政府间组织和非政府间组织。政府间组织有超国家的全球性组织（如联合国）、区域性组织（如欧盟、非洲统一组织和亚太经济合作组织）、次区域性组织［如东南亚国家联盟（简称"东盟"）、南太平洋论坛］等。还有各个领域的专业性组织，如世界贸易组织、国际货币基金组织、亚洲开发银行、北美自由贸易区、北大西洋公约组织等。非政府间组织更是五花八门、数目众多，它们从不同的角度在国际事务中争取到相应的发言权。二是跨国公司。跨国公司代表世界范围的经济和政治势力。据联合国跨国公司项目机构统计，20 世纪 60 年代末，全世界只有 7 276 家跨国公司，80 年代增至 1.5 万家，90 年代发展到 3.7 万家，目前已达到 6 万多家。跨国公司现已遍及世界 160 多个国家和地区，控制了全球国内生产总值的 40%，国际贸易总额的 50%—60%，国际技术转让的 60%—70%，国际直接投资的 90% 以上。[1]它们虽无领土主权，但在其势力范围内，却俨然自成体系，富可敌国，且有很大的政治影响。三是国际犯罪集团，如走私、贩毒和恐怖主义。它们给当代国际关系带来了新的麻烦并提出了新的问题。这些都很难通过传统的地缘政治或国家机器予以解决。国际恐怖主义组织的特点是秘密隐蔽。世界环境的破坏者则更分散和众多，人们可以感觉到这些行为体的存在，但很难同它们直接打交道。

在人类进入 21 世纪时，国际关系正在经历着从 1648 年威斯特伐利亚

---

［1］《进入新世纪的国际战略形势——中国国际战略学会负责人答本报记者问》，载《学习时报》2001 年 12 月 30 日第 3 版。

民族国家体系以来的革命性的变化。尽管当前国家行为体仍是国际关系的主体，但非国家行为体的作用在迅速提高。由于生产和科技的进步、教育的普及和发展、交通通信的便捷等诸多因素，世界在走向政治多极化和经济全球化的同时，也面临社会的多元化和政治目标的多样化。此外，现在非国家行为体也能拥有原先只有国家行为体才能掌握的某些资源和手段，从而增加了对国际安全环境及其他问题的影响。

国际反恐斗争是个长期持久的任务。在 20 世纪，人类已经面临过国际恐怖主义的三次高潮。世界各国在同恐怖主义的长期斗争中逐步形成了一定的共识，在应对恐怖主义的具体措施和政策上也积累了不少的经验。例如，在 20 世纪六七十年代，世界各国和各种政治力量在劫机问题上还有许多不同的认识，但在"9·11"事件以后，人们逐步达成共识，认为不管劫机的目的是什么，劫机本身已经构成严重犯罪，是一种恐怖活动。时至今日，世界上几乎没有一个国家会公开接纳劫机者。这是真理和正义的胜利，也是时代进步的具体表现。

但是，迄今为止，国际社会对恐怖主义的斗争仅仅获得了初步的阶段性胜利，而且这种胜利离反恐的全面胜利还相当遥远。"9·11"事件后形成的国际合作反恐局面有利于世界和平与稳定，有利于维护社会的进步，也有利于人类最终彻底解决包括国际恐怖主义在内的全球性问题。在阿富汗战事告一段落后，国际反恐联盟将进入第二阶段。但是，国际社会对第二阶段的目标和范围存在明显的分歧。布什总统在 2002 年 1 月的国情咨文中把伊拉克、伊朗和朝鲜列为"邪恶轴心"，而且，布什政府又将伊拉克列为三国的重点，似乎第二阶段的打击目标就是伊拉克。然而，美国要打击伊拉克既缺乏道义上的理由，又拿不出令人信服的证据。俄罗斯、中国、许多中东国家都明确表态，反对美国对伊拉克采取军事行动。2002 年 3 月，美国副总统切尼到中东游说，企图争取中东国家的支持，结果也是徒劳一场，空手而归。可以预料，在反恐斗争的第二阶段，国际社会面临既要维护合作反恐，又要坚决反对霸权主义和强权政治的双重任务，国际关系将会变得更加复杂。

　　国际合作反恐既有近期任务也有中长期任务。近期而言，国际社会必须采取一切必要措施和手段防止"9·11"超恶性恐怖事件重演。同时，国际社会还要彻底清剿本·拉丹（Bin Laden）和"基地"组织，从根本上防止它们东山再起。世界各国都需要抑制国际恐怖主义，国际合作反恐应当继续取得阶段性成果。中长期而言，国际社会还面临更为艰巨的任务，那就是要根除滋生恐怖主义的土壤，如缩小贫富差距、消除极端思潮、铲除社会不公、妥善处理民族宗教问题、建立公正合理的国际秩序等，既要有全球范围的反恐，又要考虑到宗教、民族、风俗等的敏感性，更要考虑到"道高一尺、魔高一丈"，随着时代的进步，恐怖主义的手段和危害性也会有新的发展。总之，国际合作反恐任重而道远，将是一场长期、艰巨和复杂的持久战。

论"四势群体"和国际力量重组的时代特点[*]

当前世界正处于大发展、大变革、大调整时期，国际力量对比正朝着有利于以新兴大国为代表的发展中国家方向发展，国际力量重组导致了得势、守势、失势和弱势"四势群体"的形成。本文从"四势群体"的视角分析了当前国际力量的重组及其影响，从应对全球性问题的角度研究了当代和平发展的扩展性内涵。同时，笔者认为，地区合作的发展有助于推动国际体系以和平有序的方式转型，新兴大国应当成为中国强国之路的战略新依托。

一、"四势群体"：分析国际力量重组的新视角

把握形势发展和力量对比是研究国际关系重要的和有效的切入点。自进入 21 世纪以来，国际社会的主要行为体以及诸多国际关系战略家都非常重视从不同的角度来分析国际力量的变化趋势：中国、俄罗斯和巴西等新兴大国主张多极化；欧洲国家则因时因国或赞同或反对多极化；在难以维持"单超独大"的情况下，美国仍希望维护其对世界的领导。美国前国务卿亨利·基辛格认为"世界重心将从大西洋向太平洋转移"；德国前总理赫尔穆特·施密特（Helmut Schmidt）认为，美国、俄罗斯、中国、伊斯兰国家、撒哈拉以南非洲、印度和欧盟等是当前世界的重心并影响着国际形

---

* 原文载《世界经济与政治》2010 年第 3 期，第 4—13 页。

势发展的方向。新加坡资政李光耀认为,在今后 20 年里仍是一种美国一超下的不对称多极格局。美国《新闻周刊》总编辑法里德·扎卡利亚(Fareed Zakaria)则把当前新兴大国和非国家行为体的崛起称为"后美国时期"之"他者"的崛起,认为这构成了 500 年来人类社会的第三次力量转移。

　　笔者赞同国际格局多极化观点,但同时也认为,我们应从国际力量重组的时代特点上对其重新加以审视。在"9·11"事件和金融危机的催化作用下,国际社会正在形成"四势群体",即得势、守势、失势和弱势这"四势群体"。"得势群体"主要指新兴大国以及富有进取性的国际性和地区性组织,它们在发展中积聚了相当大的经济和政治力量,提升了在世界事务中的话语权并取得了在国际体系以及国际秩序改革中相对平等的参与权。"守势群体"既包括美国这样的国家行为体,也有诸如国际货币基金组织和世界银行这样的非国家行为体。冷战结束后,曾经不可一世的美国实际上已经丧失了其在世界事务中的"独大"地位;而国际货币基金组织和世界银行无论是在总体能力,还是在实际的影响力方面都已经今非昔比。"失势群体"是指欧盟、日本、俄罗斯以及独联体等国家和国际组织。欧盟逐渐失去了其在世界上"老二"的地位,成为国际机制改革的对象,即它既要接受"让渡"其在国际货币基金组织和世界银行中的部分权益的现实,还要承受发展中国家要求英法两国"共享"联合国安理会常任理事国席位的压力。日本作为世界第二大经济体的地位也出现了朝不保夕的态势,其国际影响继续下降。俄罗斯的经济实力在 2008 年爆发的全球金融危机中遭受重创,同时它也未能从国际金融与经济体系的改革中获得实质利益。"弱势群体"主要包括处境困难的发展中国家以及发展中的地区性组织,它们在当前国际体系和国际秩序的改革中进一步被边缘化,处于弱势地位。

　　笔者试图借助体现中国文化精髓的"势"来分析当前国际格局的变化和国际形势的发展,同时也希望用"群体"(group)而不是"集团"(bloc)的概念作为分析当前国际力量重组的切入点。国家间的组合历来是国际关系的重要内容。在近现代史中,以军事同盟为代表的国家集团化长期盛行,直至今天还存在着北大西洋公约组织(简称"北约")以及美国在亚太地区的双边军事同盟等国家集团性的组织。排他性的军事同盟集团和经济集团在多元化和多样化的 21 世纪日益显露出它们的历史局限性。美国在"反恐"和"防扩散"等议题中主张的"志愿者联盟"以及它在伊朗核问题中采取的方式都是对其军事同盟体系的补充。一些地区经济集团也通过"开放性"或跨地区合作等方式来适应全球化时代的新形势。当代的"群体"在相当程度上具有目标导向、议题组合、危机应对或利益驱动等特点，具有更大的流动性和可塑性，适应于国际体系和平转型这一特定历史时期的需要。

有鉴于此，笔者认为"四势群体"的出现和发展具有五大时代性特点：

第一，"四势群体"的出现推动了国际格局趋向均衡化。[1]经济上，新兴大国群体性崛起的亮点正在从"硬实力"积聚向"软实力"的提升方向发展，在制度安排和发展模式选择方面取得了历史性突破。政治上，当前国际力量的重组推进了国际关系的民主化发展，中国、印度、巴西、南非等国家的国际地位显著上升，正在相对平等地参与国际体系的"建章立制"进程。与此同时，非西方的政治理念日益与国际主流思想汇合，例如中国的和谐世界理念、印度的平等独立主张、伊斯兰文化对公正的追求等。需要指出的是，同国际格局均衡化背道而行的一些因素也存在，如在全球化的背景下，"弱势群体"可能会对世界和平发展提出挑战，如索马里、也门、阿富汗等国家出现的动荡和冲突将会对国际社会产生很大的负面扩散效应。

第二，"四势群体"的初步形成反映了大国间合作加竞争关系的基本特点。面对恐怖主义、金融危机、气候变化、核扩散等全球性问题，经济和社会制度不再是大国间进行组合的唯一标准，而及时有效、务实规范的合作正在成为国际社会应对时代性挑战的指导思想。新的力量组合从应对最紧迫和最危险的问题着手，日益形成了调整相互关系→确认规则规范→实现制度安排这一规范性合作流程。但是，由于大国的利益和价值观互有异

---

[1] 钱文荣：《新世纪多极化趋势的主要特征》，载《亚非纵横》2008 年第 5 期，第 25 页。

同,所处的内外形势也不断变化,大国在不同议题上形成了众多的排列组合,时而会突出合作面,时而会增加竞争点,这些都体现了当代大国合作的复杂性和竞争的激烈程度。

第三,"四势群体"各自和相互间的矛盾呈现出复杂和多元性的特点。作为"守势群体"代表之一的美国,奥巴马政府的国内"新政"困难重重,其外交"新政"的重要内容之一——阿富汗战争的前景暗淡,美国在世界上呈现出颓势。在"得势群体"方面,新兴大国在其群体内既要协调不尽一致的各自权益诉求,还要在新形势下推动同其他发展中国家的"南南合作"以及处理好同发达国家的"南北关系"。"失势群体"中的欧洲和日本,它们既要在发达国家内部要求与美平等,又要在同新兴大国进行交往时维护既得利益。俄罗斯则更多地从地缘战略出发在同美、欧、日、中等国家和地区的关系中寻求均衡,以便服务其国内大局。"弱势群体"的内部问题成堆,对外难以形成独立和整体的力量。

第四,各种力量和势力集团纷纷提出自己的战略理念和目标,加快了自身的战略调整,以便在国际权益重新配置中抢占有利地位。例如,处于"守势群体"中的美国,其基本策略是采取守中有攻的态势,提出了与大国建立"多元合作伙伴关系"的概念,以便在多边合作中维护其全球"领导地位",并在国际金融与经济体系改革、气候变化、"反恐"及核裁军等领域继续拥有主导权。"得势群体"中的新兴大国则以制度安排和巩固现有和未来权益为重点,继续加强对其群体内的机制性和常态性关系的协调。"失势群体"国家也在进行战略调整以便维护其主要力量地位。欧洲在强调规范性力量的同时,也期望通过一体化为其注入新的发展动力,成为国际体系的一极。日本的鸠山政府则试图通过"东亚共同体"的设想获取新的发展支点。俄罗斯通过调整俄美关系和加强俄中关系等战略手段来争取在大国关系中更大的主动权。相比之下"弱势群体"国家虽无完整的战略思维和目标,但一些中小国家正在通过合作和自强的方式以求改变当前的被动境地。

第五,"四势群体"仍处于动态发展阶段,其内部以及相互间会因时因事而做调整和相应的排列组合。国际社会继续看好"得势群体"中的新兴大国，认为其在经济上还有发展的空间，在政治和安全上的进步还刚起步。但是"9·11"事件和 2008 年全球金融危机对国际力量的消长具有非常规性的催化作用，新兴大国在进入后金融危机时期，其常态的发展将面临长期和艰巨的历史性考验。此外，我们还要清醒地看到，美国的超强实力和西方的总体优势并没有发生根本性变化，它们还试图在后金融危机时期继续利用这一总体优势"回复"到危机之前对世界事务的垄断权和主导权。

二、 全球问题：当代和平发展的扩充性内涵

中国关于"和平与发展仍然是当今时代的主题"的判断正日益得到国际社会的认可乃至认同。但同 20 世纪八九十年代相比，当前的和平与发展增加了新的重要内涵，即全球性问题的凸显。

全球性问题通常是指具有相当的普遍性和复杂性、涉及全人类利益并需要在全球范围内加以解决的问题，主要包括：战争与和平、南北关系、生态失衡、环境污染、气候变化、防疫救灾、海盗走私、贫困、人口爆炸、资源短缺、国际恐怖主义和跨国犯罪等。由此可见，全球性问题中包含了诸如战争与和平的"高政治"和"硬政治"，但更多的是"低政治"和"软政治"问题。

国际社会面临着"防战维和"的新挑战。世界各国以往主要从世界大战和大国冲突（例如 20 世纪的两次世界大战以及冷战时期各国对美苏两国核战争的担忧）等角度关注世界范围内的战争问题，领土主权在传统战争观中占据核心地位，成为战争的主要标志性尺度。面对全球性问题日益凸显的挑战，国际社会的战争观正在"泛化"，不仅重视以领土主权为核心的"硬战争"，而且还重视金融战、贸易战、环境战、网络战和舆论战等"软战争"。和平也不再是"没有战争"的状态，而是全面和综合性的制约、平衡与和谐。

发展的内涵也远比以往更加丰富，任务也更加艰巨。自 20 世纪 90 年

代以来，联合国举行的各次历史性会议和首脑会议日益形成了全球共识和共同的发展理念。在"千年发展目标"和"更广泛的发展议程"的大框架下，国际社会更加关注可持续发展、平等发展、发展管理、两性平等、社会融合、保健、就业、教育、环境与人口以及人权、金融和施政等问题。全球性问题改变了国际力量在热战和冷战时期"非此即彼"的集团性组合，各行为体根据其利益和价值观自主选择在世界事务中的地位和分合。美国和欧盟虽然在气候变化主导权方面意见相左，但在对待发展中国家方面却注意协调；二十国集团成员虽然都希望能主导国际金融体系改革，但其中存在的传统大国和新兴大国之间的矛盾也相当深刻；"金砖四国"虽然都主张进行机制性和战略性合作，但其中的能源生产国和消费国又各有自己的打算；最具典型意义的是，虽然中美两国在某些问题上存在原则性分歧，但在共同应对金融危机和争取世界经济早日复苏方面不仅密切合作，而且在其他诸多方面都进行了合作。

全球性问题具有既加强各国相互依存又促使它们抢占规制权的两重性。一方面，世界各国都认识到任何单一国家都无法有效应对全球性问题，从而达成了共同应对全球性问题挑战的基本共识。例如，在应对当前金融危机的过程中，国际社会吸取了20世纪二三十年代世界经济大萧条和90年代亚洲金融危机的教训，发扬"风雨同舟"精神，较早地走出了金融危机和经济困难的低谷。另一方面，各行为体在制定规范和规则的过程中，都积极采取"下先手棋"的策略来占据有利地位。新兴大国正努力将发达国家在金融危机中被迫作出的让步通过建章立制的方法对其加以确立和巩固；发达国家则试图运用其在规制权方面尚存的优势把气候问题转化为低碳政治和低碳经济问题，与发展中国家进行博弈。这种合作与竞争的两重性将伴随着全球性问题而长期存在。

全球性问题既改变了国际力量的评判标准，也增加了力量投放和效应的难度。主权国家行为体虽然还是国际体系中的基本有效单元，但国际组织、公民社会、跨国公司等非国家行为体的作用正在迅速提升。传统大国、特别是霸权大国的超强军事实力虽然仍具有强大的威慑作用和战争能力，但这种军事能力在应对非传统安全方面已经显得力不从心。传统的国家同盟关系虽然还有其存在的价值，但因其功能赤字而需要与各种战略伙伴和志愿者联盟建立共存和互补的利益关系。

三、地区合作：建构国际新体系的重要途径

由于当前国际体系的和平转型具有长期性、领域性、地区性等特点，地区合作、次区域合作和建构地区分体系显得尤为重要。首先，近年来日益趋向机制化和全面化的地区合作部分地克服了世界的"无政府状态"。例如，2008 年 12 月生效的《东盟宪章》使东盟具有了独立的国际法人资格，也使得中、日、韩三国合作进入了具有里程碑意义的第二个十年发展规划。于 2009 年底生效的《里斯本条约》也使欧盟从法律和机制上加强了各成员国在内政外交方面的整合速度和力度。非洲联盟也正在试图强化其功能。其次，地区分体系的建设在弥补全球性经济与政治体系的缺失方面具有积极意义。以自由贸易区为代表的地区合作在一定程度上缓解了世界贸易组织在多哈回合谈判中久拖不决且对世界贸易产生的消极影响。而且这些地区合作机制在设计、建构、运行和改进的进程中相互借鉴，并为全球性机制建设提供了多种选择。再次，地区合作为中小国家提供了合作自强的平台，同时也为跨地区合作创造了条件。例如，东盟在推动亚欧会议和东亚-拉美合作论坛方面发挥了积极的作用。南方共同体市场先后启动了与安第斯共同体、欧盟、海湾合作委员会以及亚非一些国家的自由贸易谈判，还同中国、欧盟、日本、俄罗斯和韩国等建立了对话或合作机制。最后，大国的关注更加凸显了地区合作的重要性。例如，美国奥巴马政府强调"要在美国和伊斯兰世界之间寻求一种全新的开端"，美国国务卿希拉里·克林顿在代表美国签署加入《东南亚友好合作条约》时高调宣布"美国现在要回到东南亚"。欧盟也在积极谋求建立与亚洲的全面伙伴关系。欧盟与非洲、欧盟与巴西也建立了战略伙伴关系，此外，欧盟还于 2008 年与地中海沿岸 16 国成立了地中海联盟。日本的鸠山政府也表示"宣告重视亚洲外

交"，以东亚共同体构想为"亚洲外交的支柱"，将基于"开放的地区合作"原则推进东亚在经济、环保、救灾、医疗和海事领域的合作。中国、印度、俄罗斯、巴西、南非等国家也加强了对本地区的投入力度并和邻近地区加强了合作。

与此同时，地区合作在全球性体系建构中也受到诸多因素的严重制约。在政治和安全方面，历史和现实的消极因素严重阻碍着地区合作。在欧洲以及欧亚地区，俄罗斯和西方国家的矛盾呈上升趋势。在南亚地区，不仅存在原有的印度和巴基斯坦之间的矛盾，现又增加了美国在阿富汗和巴基斯坦的军事战略新因素，使得政治安全形势更加复杂。在拉丁美洲，事实上存在"亲美"和"反美"两大群体，南方共同体市场接纳委内瑞拉的法律手续至今尚未完成。在非洲地区，政治认同与稳定以及经济社会的发展依然面临巨大阻力。在中东地区，阿拉伯世界与以色列的冲突以及巴勒斯坦与以色列的直接冲突更使该地区的合作遥不可及。

在经济方面，地区合作虽然有助于全球经济的协调和发展，但它不能替代全球经济治理。因为在全球化背景下，任何地区都不可能脱离全球经济的发展而单兵独进。在金融危机和经济衰退的大环境里，全球范围的贸易保护主义有抬头的趋势，一些地区的贸易和投资自由化进程受阻。多哈回合的逡巡不前使全球贸易的自由化进程受挫，这在一定程度上也使亚太经济合作组织难以使本组织内的发达经济体和发展中经济体在 2010 年和 2020 年分别实现贸易自由化的计划。

在文明（文化）和价值观方面，全球因素对地区的影响更加明显。西方价值观和非西方价值观的碰撞具有超越地域的特点，西方国家力图在发展中国家和地区间扩大其西方价值观的影响，非西方国家也在探索增加其在世界主流价值观方面的影响和作用。此外，极端宗教思潮、贸易和投资保护主义、分离主义等在发达国家和发展中国家和地区都有所抬头。同时，国际社会还在努力创造更多的人类共有价值观，从新的角度诠释和平发展、民生民本、相互依存、利益共生等价值和理念。

四、新兴大国：中国强国之路的战略新依托

总的来说，新兴大国在此次全球金融危机中的表现明显优于工业化国家。在 2007—2009 年的危机期间，中国、印度、巴西、南非、俄罗斯五国经济平均仍以每年 3.5% 的速度增长。其中，中国与印度年增速分别达到8.76% 和 6.35%，只有俄罗斯出现 −1.19% 的负增长；相比之下，七国集团的成员国则全部陷入衰退，年均下降率为 −1.91%。展望未来，世界经济复苏仍将呈所谓"LUV"型的不均衡特征，其中呈"V"型复苏最快的便是以"金砖四国"为代表的新兴大国。而在今后 40 年内，据最新研究预测，"金砖四国＋墨西哥"这五国将有望以年均 6.1% 的速度增长，而七国集团的年均增速则将低于 2.1%。2009 年，上述新旧两大阵营的经济总量在二十国集团中的比重分别为两成不到和超过七成；至 2050 年时，前者将升至约五成，而后者则降至四成左右。

中国在走向世界强国的进程中需要多重战略依托，也需要新兴大国的政治依托。巴西、印度、南非等新兴大国都支持以联合国为核心的国际政治和安全体系，也主张基于主权国家的多边主义。进入 21 世纪，新兴大国群体在同八国集团对话的进程中围绕全球性问题进行合作与竞争，逐步改变了原有的地缘政治格局。新兴大国群体还面临着在复杂多变国际形势中改组国际政治安全体系的重大历史性任务。

中国需要新兴大国的经济和能源依托。由于中国经济的发展"两头在外"，当中国刺激内需难以一蹴而就、美欧深陷金融危机泥潭之时，相对活跃的新兴大国对中国产品的需求支撑就显得非常重要。要想真正实现与西方国家的"脱钩"，我们需要俄罗斯、巴西等这些大国为我国提供更为多元化的能源和资源供应，也需要与印度等国在维护能源消费国的利益方面进行协调。国际货币基金组织的研究表明，从近二十年发展来看，中国、印度等新兴大国之间的经济周期走势更趋一致，而与美欧之间"跳着不同的曲子"，由此可见，新兴大国之间经济协同的意义是何等的重要。

中国需要同新兴大国在国际体系的改革进程中相互支持。"当今国际秩序实力与制度层面出现的重大变化，是把新兴经济群体往国际舞台中心推进。"[1]特别是在国际体系改革方面，新兴大国具有相同和相似的立场。在应对全球金融危机而开始改组国际金融体系的过程中，新兴大国拥有日益强大的经济力量和外汇储备能力，正在以此为契机推动国际货币基金组织和世界银行的份额/投票权、管理层的选举等改革。在推动全球经济治理体系改革方面，中国必须实行与其他新兴大国一起协同作战的战略而不是孤军奋战。当前最突出的问题莫过于国际货币体系的重建，在人民币国际化之路还处于刚起步阶段的背景下，国际储备货币的多元化需要还有赖于具有共同诉求的印度、巴西、俄罗斯等新兴大国的共同推进。中国目前在国际货币基金组织中的份额和投票权比例分别只有 3.72% 和 3.66%，即便二十国集团匹兹堡峰会承诺的向发展中国家转移 5% 的投票权全部给中国，离 15% 的重大问题一票否决权要求亦相去甚远，难以与美国和欧元区相抗，只有与其他新兴大国团结一致，中国方能有所作为。此外，新兴大国在世界贸易组织的多哈回合谈判中，影响力有了实质性的提升，印度、巴西、中国成为非正式谈判机制的"七国"成员。

中国需要同新兴大国共同推进在非传统安全领域的国际机制建设。新兴大国群体在应对气候变化危机的进程中积极推动了非传统安全国际体系的改组。新兴大国群体坚持《京都议定书》所规定的"共同但有区别的责任"。在巴厘岛会议路线图和哥本哈根会议上，新兴大国群体打破了西方发达国家的主导垄断权，为探索非传统安全体系的建构提供了有益的启示。此外，新兴大国和西方国家还在消除大规模杀伤性武器扩散、军备竞赛、民族分裂主义、宗教极端势力威胁等方面进行了磋商和协调。

新兴大国还要共同面对来自西方发达国家的压力和分化。面对新兴大国的崛起，西方发达国家的战略是极力维护其对全球性问题的议程设置权，同时对新兴大国群体采取分而治之的策略。同时，新兴大国群体也正进行着内部整合，努力规划着各自的通盘战略，考量着如何实现彼此间的协调

---

[1] 蔡拓：《国际秩序的转型与塑造》，载《外交评论》2009 年第 4 期，第 12 页。

关系等议题，积极为自身营造有利环境。但是，新兴大国群体在许多问题上存在矛盾。联合国安理会改革集中体现了发达国家和发展中国家两者间以及各自内部间的矛盾。同时，新兴大国内部的利益诉求也各不相同。例如，由德国、日本、印度和巴西于 2005 年组成的"四国争常集团"就集中反映了这一矛盾。非洲国家坚持要求增加其在联合国安理会常任理事国的两席地位并且拥有否决权。印度、巴西和南非以"民主国家"为由排斥中国而成立了"印巴南俱乐部"。而且，新兴大国群体是发展中国家自第二次世界大战以来出现的新生事物，如何处理同其他发展中国家和组织的关系也是新兴大国（包括中国）面临的重要挑战之一。

五、 结论

当前的国际力量重组正在史无前例地冲击着西方长期以来对世界事务的主导权。"四势群体"都从各自利益以及某些共同立场来应对日益复杂化、多样化的全球性议题，这极大地丰富了和平与发展的当代内涵，也增加了国际社会在共同价值观方面的共识。"四势群体"的形成还赋予地区合作和次区域合作以建设国际体系的历史使命，即当前国际社会不仅以全球体系的方式（从上至下的方式）进行建构，而且还以地区分体系的方式（自下而上的方式）相向而行进行建构，共同推动着国际体系的变革。新兴大国群体性崛起是当代国际关系的重大发展趋势，中国在走向世界强国的道路上还需要将新兴大国群体作为其战略依托，争取在世界事务中拥有更大的话语权和主导权。当前国际力量的此消彼长以及国际体系转型都是在和平的环境下进行的，因而具有长期性、复杂性和曲折性。笔者认为，真正意义上的多极世界的形成大约还需要 15—20 年的时间。但是，展望 2010 年之后新的十年以及在今后更长的岁月里，世界多极化前景将更加明朗[1]，全球的和平、发展、合作的趋势将会继续加强。

---

[1]《第十一次使节会议在京召开》，载《人民日报》2009 年 7 月 21 日。

当前国际形势发展的周期规律和阶段变化刍议
——兼论中美关系的运动轨迹和发展趋势*

当前，世界进入动荡变革时期，全球乱象丛生、迷思泛滥，国际社会又一次站在关键的十字路口。在此背景下，世界各国不仅需要应对时下层出不穷的挑战和困难，而且更需要透过现象看本质，努力探究其根本原因和发展趋势，从而在发现规律和运用规律的基础上争取历史的主动。作为一个正在崛起的社会主义和发展中大国，中国代表世界的进步力量，勇立时代潮流的前沿，正在为构建人类命运共同体而进行艰苦但又光荣的实践探索和理论创新。

一、 近现代以来国际形势发展的周期规律

在人类发展进程中，无数先贤志士不断探索历史发展的规律。直到马克思提出唯物史观才照亮了人类长期对历史发展的探索之路。"唯物主义历史观和通过剩余价值揭开了资本主义生产的秘密，……让社会主义变成了科学"[1]，从而揭示了人类历史发展的基本规律。

回顾历史，人类在主要以采集狩猎和农耕游牧为主的早期文明时期，社会和国家的形态变化缓慢，相互之间往来受到地理条件的限制极大，即使是鼎盛时期的波斯帝国、汉唐王朝、罗马帝国等，最多也只是洲际的拓

---

* 原文成稿于 2023 年 11 月 20 日，载《国际关系研究》2024 年第 1 期，第 1—18 页。
[1]［德］恩格斯：《社会主义从空想到科学的发展》，北京：人民出版社 2018 年版，第60 页。

展，世界并没有连成一片。但从 16 世纪的地理"大发现"和 17 世纪的英国资产阶级革命起到 1918 年第一次世界大战结束，在工业革命的推动下，人类历史进入了近代时期，隔绝世界各国的地理与政治壁垒在经济发展和兵燹战争之中逐步消退。在此期间，英国、法国、德国等国彼此争霸，欧洲居于世界的"中心"，是当时国际形势的主导者。1914—1918 年的第一次世界大战和 1917 年的俄国十月革命成为世界现代史开启的标志，两次世界大战不仅使美国得以胜出并成为世界霸权国家，也使苏联抓住机遇扩大影响并最终成为世界的"两极"之一。

第二次世界大战结束的 1945 年被认为是当代史的元年，美苏主导的雅尔塔体系左右着国际形势，20 世纪 60 年代末和 70 年代初中国和第三世界开始动摇两极世界的根基。1991 年，苏联解体，2002 年伊拉克战争后美国也失去了单超独霸的地位，新兴市场国家的迅速发展加快了世界多极化的进程，而 2008 年的北京奥运会和始于美国的全球金融危机则标志着中国开始走向世界舞台的中央，国际形势的参与者和主导者都发生了历史性的变化。

1949 年后的中美关系蕴含了当代国际形势发展的周期规律。中国是社会主义大国，也是最大的发展中国家。美国是最强的西方大国，是资本主义国家中执牛耳者。中华人民共和国成立以来，中美关系在波澜起伏中贯穿着斗争和合作，30 年左右出现一次大的变化周期。从 1949 年到 1979 年的第一个周期的主要特征是两国之间关系的持续调整——中美两国从冷战对抗和热战对阵到破冰接触和实现建交。从 1980 年到 2008 年的第二个周期的主要特征是两国互动从地区走向全球，即从合作应对苏联扩张主义到共同应对国际恐怖主义和全球金融危机。预计从 2009 年到 2038 年前后将是中美关系的第三个周期，该周期的主要特征是两个世界最大强国进行关乎人类命运祸福的互动和磨合。

二、 当前政治思想领域的变化和任务

自从第一次世界大战末期世界上第一个社会主义国家诞生之日起，意

识形态因素在国际关系中的影响和作用就在不断上升，第二次世界大战后，社会主义国家和迎来独立的新民族国家成批涌现，使得国际政治出现了非西方力量的崛起。冷战结束后，美西方因东欧剧变和苏联解体而认为"历史终结"[1]，但由于中国综合国力成倍增长而难以一统天下，而且中国社会主义道路的胜利也为"给世界上那些既希望加快发展又希望保持自身独立性的国家和民族提供了全新选择"[2]。

（一）冷战思维与和平共处

受权力政治文化的影响，美国战略界及决策层习惯于以你赢我输、赢者通吃的零和博弈视角看待国际事务，而根深蒂固的冷战思维便是这一政治文化的直接产物。为谋求单极格局及秩序，美国往往以简单的对抗性逻辑处理复杂的国际关系，每当国际格局出现变化时，总是对其自行塑造的对手进行遏制和打压。纵观 1949 年后中美关系，冷战思维无处不在，但其对华政策因自身所处环境的变化而在不同阶段呈现出周期性的变化。在中华人民共和国成立之初，美国政府内部便认为中国将为"共产主义"在南亚和东南亚地区的扩张提供便利[3]，杜鲁门总统则更是将中国视为"苏俄的卫星国"，将对印度支那、马来西亚等地造成威胁。[4]在两极争霸的背景下，美国对华采取敌视态度和政策，并试图通过在周边地区构筑同盟体系的方式孤立、包围、封锁中国。随着 20 世纪 70 年代末出现苏攻美守的态势转换和世界力量的多极化趋势，美国从地缘政治的角度出发，接近并与中国开展合作来抗衡苏联的扩张势头。冷战结束后，美国试图将中国纳入美

---

[1] 参见 [美] 弗朗西斯·福山：《历史的终结及最后之人》，黄胜强、许铭原译，北京：中国社会科学出版社 2003 年版。

[2] 习近平：《决胜全面建成小康社会　夺取新时代中国特色社会主义伟大胜利——在中国共产党第十九次全国代表大会上的报告》，新华社，2017 年 10 月 18 日，https://www.gov.cn/zhuanti/2017-10/27/content_5234876.htm。

[3] U.S. Department of State's Policy Planning, "United States Objectives and Programs for National Security," April 7, 1950, p.30, https://info.publicintelligence.net/US-NSC-68.pdf.

[4] [美] 哈里·杜鲁门：《杜鲁门回忆录（上、下）》，李石译，北京：东方出版社，2006 年版，第 502 页。

国设置并主导的国际体系，因此历届美国政府对华战略的总体基调是通过接触政策实现这一目标。然而，中国综合国力的不断提升令美国产生了严重的战略焦虑，奥巴马执政后期美国对华政策便开始向"竞争"倾斜。特朗普和拜登政府更是在《国家安全战略》报告中指出大国竞争是当前美国面临的最大挑战[1]，并将中国视为唯一既有重塑国际秩序意图又有能力的竞争对手。[2]在这一指导思想下，美国大力推行所谓"全政府"和"综合威慑"的对华战略，试图通过遏制中国维系霸权地位并延缓自身衰落。

与之相反，中国一向将和平共处五项原则作为指导国家间关系的基本准则。第一代领导核心毛泽东在追求和平时同样强调通过战争保卫和平的重要性。他指出："中国要和平。凡是讲和平的，我们就赞成，我们不赞成战争。但是，对被压迫人民的反对帝国主义的战争我们是支持的。"[3]作为第二代领导核心，邓小平明确作出了世界大战可以避免的战略判断，并主张以发展促进和平。他认为："但是（现在）世界和平力量的增长超过战争力量的增长……在较长时间内不发生大规模的世界战争是有可能的，维护世界和平是有希望的。"[4]习近平在担任中共中央总书记后便指出："中国走和平发展道路，其他国家也都要走和平发展道路，只有各国都走和平发展道路，各国才能共同发展，国与国才能和平相处。"[5]由此可见，当前阶段中美博弈的重点之一是到底以竞争对抗片面定义中美关系，将世界推向分裂动荡的"新冷战"，还是构建中美"相互尊重、和平共处、合作共赢"的新型大国关系。当然，中国主张的和平共处等原则不可能一帆风顺，需

---

［1］ President Donald J. Trump, "The National Security Strategy of the United States of America," December 2017, https://history.defense.gov/Portals/70/Documents/nss/NSS2017.pdf?ver = CnFwURrw09pJ0q5EogFpwg%3d%3d.

［2］ President Joe Biden, "The National Security Strategy of the United States of America," October 12, 2022, https://www.whitehouse.gov/wp-content/uploads/2022/10/Biden-Harris-Ad-ministrations-National-Security-Strategy-10.2022.pdf.

［3］ 毛泽东：《支持被压迫人民反对帝国主义的战争（1964年6月23日）》，载中共中央文选研究室：《毛泽东文集（第八卷）》，北京：人民出版社1999年版，第378页。

［4］ 《邓小平文选（第三卷）》，北京：人民出版社1993年版，第126—127页。

［5］ 《习近平在政治局第三次集体学习上的讲话》，载《人民日报》2013年1月30日第1版。

要经过长期和艰苦的斗争才能实现。第一，要坚决有效地维护国家核心利益。在面对事关国家主权、国家安全、领土完整、祖国统一、政治制度等核心利益挑战时必须坚持原则立场和进行坚决斗争，打破个别国家妄图逼迫中国妥协的幻想。第二，营造良好的周边安全环境。世界的和平稳定离不开亚太地区良好的安全形势。中国需要与周边国家维护好、发展好良好的双边关系，夯实巩固既有的小多边机制，加强地区传统和非传统安全机制建设。第三，保持战略定力。在国际形势深刻变化且世界和平面临严峻挑战的背景下，发挥我国政治体制优势，在乱局中保持战略定力，提高识变、应变、求变能力，成为维护世界和平的坚定力量。

（二）意识形态与务实发展

美国自建国以来，便对其政治制度和价值观有着超乎寻常的优越感，第二次世界大战后的历届政府均热衷于向外推广"民主""人权""自由"等所谓的普世价值。在这一理念的驱动下，美国将与其政治社会制度和文化截然不同的中国划为"异质国家"，并试图在意识形态领域对华进行攻击、输出和破坏。美国操弄意识形态议题的出发点是最大化自身利益，当战略需求发生变化时，美国政府对华"价值观外交"的偏好和选择也呈现出钟摆式的反复。总体来说，当中美接触与合作的收益大于矛盾时，美国倾向承认中国战略地位的重要性，意识形态问题则会在一定程度上淡出中美关系的主要议程。但当中美利益矛盾和冲突较大时，意识形态问题往往成为美国对华遏制的主要抓手之一。例如，在 20 世纪 70 年代，随着中美关系出现合作性转向，美国对华政策的意识形态因素退位于现实利益。时任美国国务卿的基辛格认为，美国应根据行动，而非意识形态作为辨认威胁的首要准则，并且需要容忍互相难以相容的国内政治制度。[1]在这一取向下，意识形态问题在中美关系中逐渐减少。尽管 20 世纪 80 年代末 90 年代

---

[1]　［美］约翰·刘易斯·加迪斯：《遏制战略：冷战时期美国国家安全政策评析》，时殷弘译，北京：商务印书馆 2019 年版，第 280 页。

初意识形态问题曾短暂干扰中美关系，但基于引导中国演变为美国主导秩序下"负责任一员"的思路，老布什和克林顿政府并未从根本上改变对华接触的基本政策，而小布什和奥巴马政府也在此基础上进一步深化了两国关系的发展。但是，随着美国挑起战略竞争，其对华政策重拾"意识形态"对抗的老路。2019 年，时任美国国务院政策规划部主任基伦·斯纳金（Kiron Skinner）公开声称，美国正以"文明冲突"视角审视中美关系，以应对与中国的"文明较量"。[1]特朗普政府发布的《美国对中国的战略方针》明确将中国视为价值观层面的挑战[2]，拜登政府则屡次以渲染"民主""专制"竞争的二元对立叙事框架，在意识形态方面打造"反华统一战线"。拜登更是在演讲中吹嘘美国成功领导盟友应对"中国对世界秩序的系统性威胁"。[3]美国战略界则同样在中美意识形态冲突中推波助澜，着力污名化中国政治制度，并主张以意识形态作为纽带巩固遏华盟伴体系。[4]

1949 年后，尽管领导集体认为世界大战不仅不可避免，而且迫在眉睫[5]，但务实发展仍然被置于国家战略的重要位置。毛泽东指出，中国面临的任务便是"把一个落后的农业的中国改变成为一个先进的工业化的中国"。[6]在十一届三中全会开启改革开放后，中国便明确提出"和平与发

［1］ Steven Ward, "Because China Isn't 'Caucasian,' The U.S. Is Planning for a 'Clash of Civilizations.' That Could Be Dangerous," *The Washington Post*, May 4, 2019, https://www. washingtonpost. com/politics/2019/05/04/because-china-isnt-caucasian-us-is-planning-clash-civilizations-that-could-be-dangerous/.

［2］ The White House, "United States Strategic Approach to the People's Republic of China," May 20, 2020, https://trumpwhitehouse. archives. gov/wp-content/uploads/2020/05/U. S.-Strategic-Approach-to-The-Peoples-Republic-of-China-Report-5.24v1.pdf.

［3］ The White House, "Remarks by President Biden in Press Conference | Madrid, Spain," June 30, 2022, https://www. whitehouse. gov/briefing-room/speeches-remarks/2022/06/30/remarks-by-president-biden-in-press-conference-madrid-spain/.

［4］ Atlantic Council, "The Longer Telegram: Toward A New American China Policy," January 27, 2021, https://www.atlanticcouncil.org/wp-content/uploads/2021/01/The-Longer-Telegram-Toward-A-New-American-China-Strategy.pdf.

［5］ 参见《邓小平文选（第三卷）》，北京：人民出版社 1993 年版，第 127 页。

［6］ 毛泽东：《中国共产党第八次全国代表大会开幕词》，载《建国以来重要文献选编（第九册）》，北京：中央文献出版社。

展"是当前世界的两大主题。党的十八大报告指出："以经济建设为中心是兴国之要，发展仍是解决我国所有问题的关键。"[1]习近平在金砖国家领导人会晤时同样强调，"我们将继续把发展作为第一要务，把经济建设作为中心任务，继续推动国家经济社会发展"[2]，随后更是提出了"发展是解决一切问题的总钥匙"的论断。[3]由此可见，务实发展在中国的中心地位从未改变，经济建设的战略目标始终如一。当前，全球发展赤字有增无减，世界人民更加迫切需要和平稳定，而非被意识形态冲突所主导的国际环境。在当前阶段，中国应努力将务实发展置于全球宏观政策框架的突出位置。一方面，中国要继续坚持以经济发展为中心，集中力量办好自己的事情，为世界发展提供信心、活力和机遇。另一方面，中国还要推动"一带一路"合作走深走实，实现各国经济文化的高质量融合发展。同时，通过全球发展倡议团结各国人民，加强多经济合作，用实际行动带领国际社会与美国挑动意识形态对抗的企图进行不懈斗争。

（三）单边主义与多边主义

为满足自身霸权执念和狭隘利益，美国在"例外论"的支持下习惯于奉行单边主义外交政策，一方面将国内法作为所谓"国际规则"强加于人，实施单边手段霸凌他国，另一方面无视多边机制和多边规则，时常合则用不合则弃。中国作为最大的发展中国家，始终支持多边主义，主张国家不分大小、强弱、贫富一律平等，推动国际关系民主化，推动人类进步。冷战期间，中国支持广大亚非拉国家反对霸权主义，带领发展中国家群体冲

［1］ 胡锦涛：《坚定不移沿着中国特色社会主义道路前进　为全面建成小康社会而奋斗——在中国共产党第十八次全国代表大会上的报告》，新华社，2012 年 11 月 8 日，https://www.gov.cn/govwcb/ldhd/2012-11/17/content_2268826.htm。
［2］ 习近平：《携手合作　共同发展——在金砖国家领导人第五次会晤时的主旨讲话》，中华人民共和国外交部，2013 年 3 月 27 日，http://www1.fmprc.gov.cn/gjhdq_676201/gj_676203/oz_678770/1206_679110/1209_679120/201303/t20130327_9337074.shtml。
［3］ 习近平：《守望相助共克疫情　携手同心推进合作——在金砖国家领导人第十二次会晤上的讲话》，新华网，2020 年 11 月 17 日，http://www.xinhuanet.com/politics/2020-11/17/c_1126752059.htm。

击两极格局，引领政治多极化趋势。冷战结束后，党的十四大报告指出："两极格局已经终结，各种力量重新分化组合，世界正朝着多极化方向发展。"[1]党的十七大报告则指出，世界多极化趋势不可逆转。[2]随着发展中国家的群体性崛起，中国在国际政治中更加积极提倡和平共处、公平合理、尊重国际法的多边主义原则。习近平在日内瓦万国宫出席"共商共筑人类命运共同体"高级别会议时强调："我们要推进国际关系民主化，不能搞'一国独霸'或'几方共治'。世界命运应该由各国共同掌握，国际规则应该由各国共同书写，全球事务应该由各国共同治理，发展成果应该由各国共同分享。"[3]因此，"中国积极参与全球治理体系改革和建设，践行共商共建共享的全球治理观，坚持真正的多边主义，推进国际关系民主化，推动全球治理朝着更加公正合理的方向发展"。[4]在美国等个别国家肆意推行单边主义政策，全球治理日益失衡的背景下，中国顺应历史潮流，坚决维护以联合国为核心的国际体系和以国际法为基础的国际秩序，已成为维护多边主义与促进国际合作的中流砥柱。当前阶段，中国应主动作为，同世界主要国家和广大发展中国家携手，共同参与世界贸易组织等国际组织的改革和新兴领域治理规则的制定，推动金砖合作机制持续扩容，成为扩大发展中国家话语权的代表性平台，循序渐进地促进全球治理体系改革和建设。同时，中国还需在地区性多边机制上推陈出新，优化完善上海合作组织、亚洲相互协作与信任措施会议、区域全面经济伙伴关系协定（RCEP）等在内的各类地区性和跨地区性合作机制。

---

[1] 江泽民：《加快改革开放和现代化建设步伐　夺取有中国特色社会主义事业的更大胜利》，中华人民共和国中央人民政府，1992 年 10 月 12 日，https://www.gov.cn/test/2008-07/04/content_1035850.htm。

[2] 胡锦涛：《高举中国特色社会主义伟大旗帜　为夺取全面建设小康社会新胜利而奋斗——在中国共产党第十七次全国代表大会上的报告》，中华人民共和国中央人民政府，2007 年 10 月 15 日，https://www.gov.cn/ldhd/2007-10/24/content_785431.htm。

[3] 习近平：《共同构建人类命运共同体》，载《求是》，2021 年第 1 期。

[4] 习近平：《高举中国特色社会主义伟大旗帜　为全面建设社会主义现代化国家而团结奋斗——在中国共产党第二十次全国代表大会上的报告》，新华网，2022 年 10 月 25 日，http://www.news.cn/politics/cpc20/2022-10/25/c_1129079429.htm。

三、 当前安全军事领域的变化和任务

安全与军事历来是国际关系的主要内容，仅就第一次世界大战百余年来的历史发展而言，传统的大规模战争发生了两次（即第一次世界大战和第二次世界大战），而后是全球冷战背景下的局部热战（如朝鲜战争和越南战争、历次中东战争、南部非洲争取民族解放和独立的战争等），还有冷战结束后开始的传统安全和非传统安全交织的战争和冲突等。当前，世界已经进入动荡和变革时期，厘清军事安全领域长周期的变化规律与当前阶段出现的机遇与挑战，有助于正确研判世界和平与战争、安全与动荡变化的规律以及阶段性任务。

（一）绝对安全与综合安全

放眼全球和纵观历史，每当特定国家或国家集团一味谋求实力的绝对优势和行动的绝对自由，甚至牺牲他国的安全换取自己的绝对安全之时，国际社会往往会陷入周期性的动荡和混乱，乃至分裂和对立。冷战以来，北约为追求绝对安全，持续推进五轮东扩，给欧洲安全埋下了严重隐患，造成了集体不安全状态，并且成为乌克兰危机爆发的一个重要原因。美国惯以绝对的军事实力应对安全威胁，消除一切可能对美国构成威胁的因素，实现绝对安全。正如兹比格涅夫·布热津斯基（Zbigniew Brzezinski）所称，"要维护美国无可匹敌的综合军事能力和增强国内的生存能力"，美国"有理由为自己寻求比其他国家实际得到更多的安全"。[1]

然而，时代发展到今天，试图用冷战思维来构建世界和地区安全框架纯属过时乃至反动。安全应该是普遍的，安全应该是平等的，安全应该是包容的。各国都应该秉持共同、综合、合作、可持续的安全观以遵循国际

---

[1] ［美］兹比格涅夫·布热津斯基：《大抉择——美国站在十字路口》，王振西等译，北京：新华出版社 2005 年版，第 27 页。

形势的发展规律，并在当前百年未有之大变局的背景下正确应对挑战、把握机遇。正如习近平主席在联合国日内瓦总部演讲时强调的："世上没有绝对安全的世外桃源，一国的安全不能建立在别国的动荡之上，他国的威胁也可能成为本国的挑战。邻居出了问题，不能光想着扎好自家篱笆，而应该去帮一把。'单则易折，众则难摧。'"[1]有鉴于此，中国近年来先后提出"总体国家安全观"和"全球安全倡议"，强调推进各领域安全，倡导总体安全和共同安全，坚持共同、综合、合作和可持续的安全观，从负责任的大国角度进一步推动全球治理体系改革和人类命运共同体构建，为人类如何在变局中抓住阶段性机遇指明了道路。

（二）寻敌同盟与伙伴关系

国家间的结盟古已有之，而且主要是为了对付共同的敌人。查尔斯·马歇尔（Charles B. Marshall）将同盟定义为"盟友之间为了共同目标和共同利益而达成的政治安排"。[2]乔治·利斯卡（George Liska）认为："联盟只不过是建立在利益或胁迫基础上的正式联合。"[3]格伦·斯奈德（Glenn H. Snyder）说："联盟是国家间关于使用或不使用军事力量而形成的正式联合，在具体情况下，这种联合通常是为了反对成员之外的某个或某些国家。"[4]

有别于上述以"寻敌"为目标的同盟关系，中国将马克思主义、中华优秀文化传统和新中国外交实践有机融合，以平等为前提、开放为条件、合作为路径，提出并完善了"伙伴关系"概念。[5]党的二十大报告明确提

---

[1] 习近平：《共同构建人类命运共同体——在联合国日内瓦总部的演讲》，新华网，2017 年 1 月 18 日，http://www.xinhuanet.com/world/2017-01/19/c_1120340081.htm。

[2] Charles Burton Marshall, "Alliance with Fledging States", in Arnold Wolfers ed., *Alliance Policy in the Cold War*, Baltimore, MD：The Johns Hopkins Press, 1959, p.216.

[3] George Liska, *Nations in Alliance：The Limits of Interdependence*, Baltimore：The Johns Hopkins Press, 1968, p.3.

[4] Glenn H. Snyder, *Alliance Politics*, Ithaca and London：Cornell University Press, 1997, p.20.

[5] 参见张伟鹏：《习近平全球伙伴关系理念的理论逻辑与实践发展》，载《国际展望》2023 年第 1 期。

到，要"坚持在和平共处五项原则基础上同各国发展友好合作，推动构建新型国际关系，深化拓展平等、开放、合作的全球伙伴关系，致力于扩大同各国利益的汇合点"[1]。在与中国建立外交关系的182个国家中，双边关系定位中带有"伙伴"称谓的国家近100个，遍布全球五大洲。此外，中国还同欧盟、非盟、东盟、阿盟等十多个地区和区域性组织建立了不同形式的伙伴关系。[2]

中国全方位、多层次、立体化的伙伴关系网络尊重各国人民自主选择的发展道路和社会制度，通过对话协商以和平方式解决国家间的分歧和争端，不断完善新型安全伙伴关系，营造公道正义、共建共享的安全格局。[3]面对全球秩序失衡、全球治理失度、区域组织乏力、多边主义停滞等阶段性挑战，中国倡导的伙伴关系正为推动世界秩序和平变革发挥着不可估量的作用。

（三）军事优先与危机管控

在人类社会发展的漫长岁月里，掠夺人口、土地和资源的战争屡见不鲜。古代帝国如古埃及、巴比伦、波斯、罗马等都以军事征服和领土扩张为主要目标。随着现代国家的建立，工业革命的推进为国家提供了大规模生产军事装备和组织军队的能力，军事优先的现象更加突出。19世纪和20世纪初，欧洲列强通过扩张殖民地和军事征服来争夺地缘政治的利益，这一时期的军备竞赛和军事优先政策导致两次世界大战的爆发，给世界带来了巨大的破坏和伤亡。

当下，以军事手段优先解决国家间与国家集团间矛盾的现象仍时有发生。国家在军事方面的投入和发展仍然是确保国家安全的重要组成部分，

[1] 习近平：《高举中国特色社会主义伟大旗帜，为全面建设社会主义现代化国家而团结奋斗》，载《习近平著作选读（第一卷）》，北京：人民出版社2023年版，第50页。
[2] 项昊宇：《中国的"伙伴"关系有哪些？》，载《学习时报》2023年10月9日第3版。
[3] 陈志瑞、吴琳：《中国全球伙伴关系构建的多边主义转向》，载《外交评论》2023年第4期。

但越来越多的国家已经认识到，在国际格局的过渡时期，上升和衰退的力量同时存在，而和平共处与合作共赢则是最好的选择。[1]不言而喻，国际社会不仅需要认识世界动荡的原因，还要积极地去探索如何进行有效的危机管控，探索实现世界和平与发展的道路。

中国作为负责任的大国，一以贯之地秉持客观公正的态度，恪守国际法原则，呼吁抛却传统军事优先的暴力手段，为问题的政治解决发挥建设性的作用。在双边方面，中国在处理中美关系时认为"相互尊重、和平共处、合作共赢是中美共同努力的方向……（双方要）在有共同利益的领域开展合作，负责任地管控双边关系中的竞争因素"。[2]在多边方面，中国于2023年2月发布了《关于政治解决乌克兰危机的中国立场》文件，重申了包括"尊重各国主权""摒弃冷战思维""解决人道危机"等在内的十二点，在世界范围内引起热烈反响。[3]2023年10月7日新一轮巴以冲突爆发后，中国同有关各方密切沟通，积极劝和促谈，推动停火止战，积极推动联合国安理会履行责任、发挥作用、凝聚共识、管控危机，切实履行了负责任大国的义务。

四、 当前经济科技领域的变化和任务

世界经济新技术、新产业、新业态、新模式正在快速发展，但也面临经济霸权还是共同发展、经济断链还是经济合作、科技脱钩还是科技合作等阶段性挑战。

---

[1] 参见杨洁勉：《当前国际格局变化的特点和全球治理体系建设的方向》，载《欧洲研究》2022年第3期，第1—17页。

[2] 《习近平同美国总统拜登举行中美元首会晤》，载《人民日报》2023年11月17日第1版。

[3] 外交部：《关于政治解决乌克兰危机的中国立场》，2023年2月24日，http://newyork.fmprc.gov.cn/wjb_673085/zfxxgk_674865/gknrlb/tywj/zcwj/202302/t20230224_11030707.shtml。

（一）经济霸权与共同发展

第二次世界大战结束以来，美国主导建立了由世界银行、国际货币基金组织、关贸总协定组成的布雷顿森林经济体系，凭借其独步全球的经济实力和市场地位以及盟友的支持，逐渐形成了国际经济领域的制度性霸权，对国际经济规则和资源分配产生了深远影响。部分发达国家由于历史、意识形态等多方面因素而受益于美国的经济霸权，因此竭力维护所谓以美国为中心的国际经济秩序，比如日本就认为，其在美国主导下的"自由开放"的国际秩序中实现了和平与繁荣，维持这一秩序符合日本的国家利益。[1]而且，客观而言，冷战后全球化大发展与美国推动自由贸易体系具有密切关联。因此，经济霸权并不缺乏拥趸，其理论化身即所谓的"霸权稳定论"等。

然而，伴随世界经济格局不断演化发展，经济霸权的不可持续性愈发凸显。当前，经济发展、金融创新、新兴技术、新冠疫情等全球性议题要求更广泛的经济治理参与，而广大发展中国家处于全球价值链底端、缺乏规则话语权等世界经济体系边缘的结构性问题未得到改变。

在此背景下，共同发展理念孕育而生。无论发达国家还是发展中国家，都面临如何进一步发展的问题。共同发展强调人类生活在同一个地球村，各国是你中有我、我中有你的命运共同体。在共同发展理念下，新兴国家、发展中国家将成为全球化的新动力，传统经济大国则应当在国际事务中展现更多的责任感，共同实现开放、包容、普惠、平衡、共赢的全球经济新格局。

（二）经济断链与经济合作

近年来，美国将中国视为"主要对手"和"安全威胁"，在经贸和科技

---

[1]「『インド太平洋時代』の日本外交— Secondary Powers/Swing States への対応—」、https://www2.jiia.or.jp/pdf/resarch/H26 _ Indo-Pacific/H26 _ Japanese _ Dipl omacy _ in _ the _ Indo-Pacific _ Age.pdf。

等领域推动对华经济断链。从肆意加征对华进口关税，到推动所谓"友岸外包""近岸外包"，到出台《通胀削减法案》《芯片与科学法案》等排他性歧视性产业政策，再到发布对外投资审查行政令，美国的行为严重背离了市场经济和公平竞争原则，破坏了经济全球化的正常运行。国际货币基金组织的分析报告指出，中美之间如果发生极端的地缘经济分裂，那么或将导致全球 GDP 损失 2.3%。特别是低收入国家将面临巨大压力，GDP 损失或超过 4%，从而加剧债务危机、社会不稳定和粮食不安全等风险。[1]

面对显而易见的经济代价，美国的做法在一定程度上仍得到了盟友、伙伴的呼应。在理念层面，日本、加拿大、欧盟等纷纷强调所谓"与共享价值观的伙伴进行经济合作"，而与中国等"不共享价值观"的国家进行经济合作则被视为存在风险。在实践层面，无论是宣称为发展中国家提供高质量基础设施支持的"全球基础设施和投资伙伴关系"倡议、"印度-中东-欧洲经济走廊"，还是构建所谓高标准经贸规则的"印太经济框架"，其将中国挤出以美国为中心的供应链体系的意图昭然若揭。

尽管如此，世界各国在经济霸权推动断链政策之际仍致力于经济合作，寻求共同发展。2023 年 8 月，金砖国家合作机制实现成员扩容，巴西总统卢拉表示，这是南方国家历史上第一次可以发挥自己的力量，拥有了与 G7 等发达国家集团平等对话的机会。[2]同年 11 月，中国成功召开第三届"一带一路"国际合作峰会，来自 140 多个国家、30 多个国际组织的代表参会。论坛期间，各方共形成了 458 项成果，提出《深化互联互通合作北京倡议》《"一带一路"绿色发展北京倡议》等重要合作倡议和制度性安排。即使是在美西方国家内部，我们同样可以观察到反对断链的声音。2023 年 3 月，欧盟委员会主席冯德莱恩在布鲁塞尔发表讲话时指出，与中国脱钩既不可

---

[1] Disruption in trade threatens losses to global living standards as severe as those from COVID-19, IMF, June 2023, https://www.imf.org/en/Publications/fandd/issues/2023/06/the-costs-of-geoeconomic-fragmentation-bolhuis-chen-kett.

[2] Lula on BRICS: "I Am Reborn in Politics and in Hope", *Planalt*, 25 August 2023, https://www.gov.br/planalto/en/latest-news/lula-on-brics-201ci-am-reborn-in-politics-and-in-hope201d.

行，也不符合欧洲利益。[1]迫于形势，经济霸权同样在作出调整，如以"去风险"替代"脱钩""断链"，但这究竟是幡然悔悟还是新瓶装旧酒，仍有待观察和研判。

（三）科技脱钩与科技合作

伴随人工智能、大数据、云计算等技术的发展与革新，科技已成为深刻影响全球发展和人类社会发展的最主要变量。一方面，科技进步可以加强全球化进程，促进国际合作和交流，助力全球性问题的解决。但另一方面，随着新技术不断涌现，大国间的科技竞争日益激烈，由此出现了科技脱钩的风险。

当前，以美国为首的部分西方国家坚持以所谓的"国家安全"为借口，对中国的科技产业采取"小院高墙"政策，限制中国企业的科技获取和市场准入，将国家之间的科技交流合作意识形态化和阵营化，炮制出所谓"技术民主国家"和"技术专制国家"的分野，实质上是在以科技脱钩来维持其在产业链、价值链的优势地位，并最终实现稳固霸权的目的。对此，美国卡内基国际和平研究院发布报告认为，只要将对华科技脱钩控制在有限的范围内，就可以在维护技术交流网络的同时，确保美国对华竞争优势。[2]

显然，基于维护霸权逻辑的"科技脱钩"无视该做法对全球发展更为深远的负面影响。针对美西方国家推动的科技脱钩，中国政府始终强调，科技脱钩不是一个可持续的选择，而是对全球科技进步和经济发展的阻碍。科技问题的政治化、武器化、意识形态化，搞小团体，最终损害的是整个

---

[1] Speech by President von der Leyen on EU-China relations to the Mercator Institute for China Studies and the European Policy Centre，European Commission，30 March 2023，https://ec. europa.eu/commission/presscorner/detail/en/speech_23_2063.

[2] JON BATEMAN，U.S.-China Technological "Decoupling"：A Strategy and Policy Framework，https://carnegieendowment.org/2022/04/25/u.s.-china-technological-decoupling-strategy-and-policy-framework-pub-86897.

世界的利益。对此，中国提出了以坚持崇尚科学、坚持创新发展、坚持开放合作、坚持平等包容、坚持团结协作、坚持普惠共赢为原则的"国际科技合作倡议"[1]，为人类社会通过科技创新合作探索解决全球性问题、共同应对时代挑战、共同促进和平发展指明了新的理念。根据第三届"一带一路"峰会公布的科技创新合作成果显示，中国已与80多个共建国家签署政府间科技合作协定，共建50多家"一带一路"联合实验室，在共建国家建成20多个农业技术示范中心和70多个海外产业园，建设了9个跨国技术转移中心，累计举办技术交流对接活动300余场，促进千余项合作项目落地。[2]

五、结语

以上的讨论表明，国际社会在前工业社会需要数以千年计的量变才能实现质变，在工业社会已经缩短为百年计，而在后工业和科技革命社会则以十年计了。例如，世界上第一台现代电子数字计算机于1946年2月14日在美国宣告诞生时，用了1.8万个电子管，占地170平方米，重达30吨，耗电功率约150千瓦，每秒钟可进行5 000次运算。今天，一台性能普通的笔记本电脑大约只有15英寸，重量仅为2—5公斤，但却能达到每秒几十亿次运算。即便如此，国际社会的周期规律和阶段发展还是需要有孕变、渐变、突变、常变的必要过程。换言之，必要过程可以缩短但不能跳跃，甚至在为数不多"跳跃"的特殊情况下，还往往会出现历史性的"补课"。

对于大家关心的中美关系，我们首先要从周期性规律中进行分析。习近平总书记在省部级主要领导干部学习贯彻党的十九届五中全会精神专题研讨班开班式上深刻地指出："当今世界正经历百年未有之大变局，但时与

---

[1] 科技部：《国际科技合作倡议》，2023年11月7日，https://www.most.gov.cn/kjbgz/202311/t20231107_188728.html。

[2] 《共建创新之路 携手合作发展——首届"一带一路"科技交流大会观察》，新华网，2023年11月8日，http://www.xinhuanet.com/world/2023-11/08/c_1129965220.htm。

势在我们一边，这是我们定力和底气所在，也是我们的决心和信心所在。"客观事实也正如此，世界发展周期的规律和中美关系周期的规律都表明了这点。

在研判和应对中美关系时需要将周期规律和阶段任务辩证和动态地予以结合。习近平主席在旧金山峰会上向拜登总统指出："当今世界正经历百年未有之大变局，中美有两种选择：一种是加强团结合作，携手应对全球性挑战，促进世界安全和繁荣。另一种是抱持零和思维，挑动阵营对立，让世界走向动荡和分裂。两种选择代表着两个方向，将决定人类前途和地球未来。"[1]当然，中国所努力的是第一种选择和方向，并为此而进行建设性的努力。

对于中美关系第三个周期而言，第一个阶段（2009—2022 年）是美国通过"重返亚洲""亚太再平衡"和"印太战略"等对华实施战略围堵和战略进攻，而拜登主动邀请习近平主席举行旧金山峰会一事表明，美国在对华施压屡屡失败后开始进行局部调整。当前正处于艰苦磨合的第二个阶段（2024—2032 年）早期，主要的观察点是 2024 年和 2028 年的两次美国大选和中国共产党的两次党代会等。在第二个阶段的 10 年左右的时间里，中美两国的战略态势和发展方向将基本定型。在 2032 年之后的时间里，将是美国顺应还是罔顾历史潮流的最后的机会之窗，前者将使美国在新形势下继续发挥全球强国的作用，而后者则是将重复大英帝国的衰败之路。同时，中国也需要继续谦虚谨慎和避免颠覆性错误，正确处理与美国及其他主要力量的关系，同时以中国式现代化推进中华民族的伟大复兴事业。

千里之行，始于足下。在中美关系发展的第二周期末和第三周期初的交替过渡时期，止跌企稳和稳中求进应当是这一阶段的中心工作。为此，要做好中美关系的加减乘除。"加法"是中美扩大共同利益和增加共识，中医的培本固元和扶正祛邪蕴含着中国传统哲学的智慧，对于中美关系的病

---

[1]《习近平同美国总统拜登举行中美元首会晤》，载《人民日报》2023 年 11 月 17 日第 1 版。

症想来也是一剂良药。"减法"是共同减少对抗、不搞摩擦、管控风险和防范危机，特别要避免因擦枪走火而引起的大起大落。"乘法"是积极发挥积极因素的乘数效应，诸如中美对话沟通、经济合作、气候变化、民间交往等都能产生巨大的连锁反应。"除法"是与国际社会共享中美关系重返正道的成果，以此公共产品塑造有利于中美关系的国际环境。

中　编

大国关系

中美俄的亚太战略互动：动因、特点和理论建构*

亚太地区是当前世界政治和经济最为动态发展的地区之一，也是新形势下中国、美国和俄罗斯战略互动最为频繁的地区之一。未来十年，中美俄的亚太战略在多层次和多维度的复合驱动下，将呈现选择性和进取性的特点。新的形势和新的发展呼唤新的理论框架和新的战略思维，唯有如此，我们才能更深刻地理解和把握中美俄战略互动对亚太地区秩序和国际体系的作用和影响。

一、多层次和多维度的复合动因

冷战结束后，亚太地区主要行为体之间大约维持了二十年相对稳定的战略态势。随着美国奥巴马政府从 2010 年起着力推动"亚太再平衡"战略，中美俄在亚太地区的战略态势发生了明显的变化。

（一）地缘战略考虑是直接动因

中美俄是陆海兼具的全球性大国，其全球和地区战略中都包含地缘战略因素，但美国"亚太再平衡"战略是导致本轮地缘战略竞争面上升的始作俑者。

1. 美国"亚太再平衡"战略的原因。

尽管美国是国际关系三大流派的发源地，但现实主义的地缘战略却是

---

* 原文载《国际观察》2014 年第 4 期，第 1—11 页。

战后美国大多数执政者的主要外交理念。奥巴马 2014 年 4 月在马来西亚演讲时表示："我们将通过开辟新的贸易渠道、商谈最有雄心壮志的贸易安排、增加防务和教育交流、更新我们的联盟体系、全面参与地区机制的方式来对亚太地区进行再平衡。"[1]奥巴马政府"亚太再平衡"战略具有多方面的考虑：在战略方面，中国的崛起及在亚太地区影响的迅速提升已经或将对美国的地区主导权和存在合法性提出挑战；俄罗斯在西部遭到美国和欧盟的"东压"之后，增加了战略的"东向性"；朝鲜半岛的形势和海洋争端也同美国的军事同盟体系密切相关。在政治方面，亚太的地区合作趋势和地区合作方案出现了于美国不利的动向。日本民主党鸠山政府甚至在 2009 年提出"日美中等边三角形外交"和倡导不包括美国的亚洲共同体版本。在经济方面，亚太国家之间的经贸关系已经远远超过了它们同美国的关系。例如，"10＋3"区域内贸易已占各国外贸的 58%，高于北美自贸区近 3 个百分点。[2]美国在一些亚太地区经济合作架构中的影响正在弱化，甚至被排除在外，一些地区国家之间的本币取代了美元的结算功能。在文化方面，亚太国家正在加强相互间的文化和教育交流，亚洲文化意识日益增强，所有这些对美国文化的主导地位提出了现实和潜在的挑战。

2. 中国的周边战略思维。

鉴于周边地区的重要性及其现状和趋势，中国在外交总体战略中提升了周边（即亚洲和太平洋地区）的地位和作用。2013 年 10 月，中共中央召开了 1949 年以来的首次周边外交工作座谈会。习近平总书记在会上强调，无论从地理方位、自然环境还是相互关系看，周边对中国都具有极为重要的战略意义。思考周边问题、开展周边外交要有立体、多元、跨越时空的视角。[3]中国在 2013—2014 年明显加大了周边外交力度，基本实现了高访

［1］ Remarks by President Obama at Young Southeast Asian Leaders Initiative Town Hal，http://www.whitehouse.gov/the-press-office/2014/04/27/remarks-president-obama-young-southeast-asian-leaders-initiative-town-ha.

［2］ http://epaper.stcn.com/paper/zqsb/html/2011-03/18/content_252567.htm.

［3］ http://news.xinhuanet.com/politics/2013-10/25/c_117878944.htm.

和首脑会晤的全覆盖，并在同周边国家的战略伙伴关系中增加或提升安全议题。中共十八大召开以来，中国更加强调朝鲜半岛无核化的东北亚战略立场，更加坚决地捍卫对钓鱼岛的主权，更加有力地维护在南海的海洋权益等。2014 年 5 月 20—21 日，中国在亚洲相互协作与信任措施会议（简称"亚信"）上海峰会上倡导亚洲新安全观，强调共同安全、合作安全、综合安全和可持续安全，并强调任何国家不能以牺牲别国安全为代价谋求所谓自身绝对安全。[1]

3. 俄罗斯的"东向"战略考虑。

俄罗斯"东向"战略基于外交、军事、经济和能源四方面考虑。在外交方面，俄罗斯近年来更加重视"西向"和"东向"的平衡，提高了亚太地区在俄罗斯总体外交中的地位和作用，更加积极地主导或参与上海合作组织、亚太经济合作组织、亚信等地区合作机制。在军事方面，俄罗斯在欧洲部分争取维持与北约战略平衡的同时，在亚太地区强化其"东向"军事战略，试图拓展更大的安全战略空间。为此，俄罗斯加强了同中国、印度、越南、朝鲜等国的安全和军事合作。在经济方面，俄罗斯需要借助亚太经济活力以加快西伯利亚和远东地区的开发，增强俄罗斯的总体经济实力。普京在符拉迪沃斯托克亚太经济合作组织工商领导人峰会上指出："我们作为主办国本可以把会址选在俄罗斯联邦的任何一个地方，比如莫斯科、圣彼得堡或者是乌拉尔地区的叶卡捷琳堡，但我们最终决定在这里举办，正是想为这一地区的发展注入新动力。"[2]在能源方面，俄罗斯能源部在《2035 年前能源战略》中明确指出，加速进入亚太市场是能源战略的首要任务，俄罗斯将在 2035 年将 32% 的原油和 31% 的天然气出口至亚太市场。[3]克里米亚事件后，欧盟加快推进俄罗斯天然气替代来源的计划，并试图阻止"俄气"扩大欧洲业务的努力。中国出于能源安全和能源多样化

---

[1] http://www.fmprc.gov.cn/mfa _ chn/ziliao _ 611306/zt _ 611380/dnzt _ 611382/yxhy _ 667356/zxxx/t11 58070.shtml.

[2] http://news.xinhuanet.com/world/2012-09/08/c _ 123688180.htm.

[3] http://minenergo.gov.ru/upload/iblock/665/665a6512e64ffd5e3d30d9448d7b7fff.pdf.

等战略考虑，也需要同俄罗斯加强合作。在此背景下，普京在参加亚信上海峰会时，和习近平主席共同见证了俄中签署为期30年、总价值可达4 000亿美元的能源合同。

（二）增强综合国力和建构未来秩序是深层次动因

中美俄重视亚太地区具有各自不同的战略侧重点，但都希望在发展自身和建构未来秩序中赢得更大的战略主动权、乃至主导权。

1. 中国是个发展气势正盛的新兴大国。

一方面，中国希望在有利的内外环境中实现"两个百年"奋斗目标和"中国梦"。改善周边安全环境、发展同邻国的政治经济关系和推进人文民间交流是未来十年中国亚太战略的重要组成部分。习近平主席在2013年9月和10月分别倡导"丝绸之路经济带"和"新海上丝绸之路"（"一带一路"），体现了中国周边概念的更新和扩大，提倡中国在同相关国家合作中实现共赢，并以此推进利益共同体和命运共同体的建设。另一方面，中国在迈向全球强国的进程中迫切需要有力的战略依托和足够的战略支点。为此，中国正在审视其同亚太国家的战略或合作伙伴关系，加强政治、经济、外交、文化相互转换，提出安全合作和全面合作的新目标。与此同时，中国通过向地区和国际社会贡献物质和思想文化的公共产品，推动国际体系和国际秩序朝着更加公正合理的方向前进。

2. 美国是面临挑战的守成大国。

奥巴马政府的"亚太再平衡"战略具有多重目的，一是改变美国因伊拉克战争和阿富汗战争而对亚太地区的关注不够，把政治、外交、军事和经济资源集中在亚太地区，以在世界政治和经济力量重心东移进程中获取更多的主导权和主动权。二是加强以美国为首的军事同盟体系和构筑它所能主导的跨太平洋伙伴经济体系，通过建构地区和世界秩序达到维护其领导地位的目的。三是要扭转中国在亚太"坐大"的局面，迟滞中国的迅速崛起，防范中国挑战美国在亚太的主导权。总而言之，美国不仅要在现有国际体系和国际秩序中获取最大利益，而且还图谋利用其军事、科技和文化等犹存优势，在新形势下延长其在世界的领导地位。

3. 俄罗斯试图重振大国声威。

俄罗斯的前身苏联曾是不可一世的超级大国，在世界称雄四十多年。普京上台以来的十多年里，始终把重振俄罗斯大国雄风作为自己的历史使命，在 2013 年国情咨文中，普京总统表示："我们不寻求超级强国之名，也不图谋他人利益，不强制他国接受俄罗斯的保护，不教别人怎么生活，但我们要捍卫国际法，尊重国家主权和独立，争取成为世界领袖。"[1]俄罗斯把周边定为外交优先考虑，努力经营独联体、集安条约、俄白哈关税同盟和欧亚联盟等。近年来，俄罗斯加大了开发西伯利亚和远东地区的力度，加强在亚太的军事和政治存在。克里米亚事件发生后，普京总统更是加强了"东向"战略，力图以欧亚大陆为中心，扩大在周边地区的战略纵深，争取在同中国合作建构地区和国际新秩序时，扩大国家利益和提高国际地位。

二、 选择性和进取性的亚太战略

中美俄的全球及地区战略具有明显的选择性和进取性的战略特点。如果这些选择和进取大多相向而言，那么将会在很大程度上维护与推进世界和平发展事业，反之将会导致新一轮的大国冲突和对抗。

（一）中国的亚太战略将更加务实和进取

党的十八大召开以来，中国领导集体强调"顶层设计"，积极开展周边外交，其亚太战略已初见轮廓。

1. 更加务实的战略目标。

中国把亚太视为最重要的周边地区和全球主要大国互动的平台，确立和推进更加务实的战略目标。"更加务实"是指，中国将努力推进同亚太国

---

[1] http://kremlin.ru/news/19825.

家的经贸、投资和金融合作，加快落实基础设施的互联互通规划，积极整合经济、政治、安全、社会和文化等领域的合作动力，继续为中国现代化建设营造有利的周边环境。中国在亚太地区的基础是双边关系，同时日益重视地区和次地区平台的作用，更加积极地参与各种地区合作机制，并在可能的情况下创新地区机制。

2. 更加进取的战略思维。

王毅外长在 2014 年 3 月 8 日记者会上指出："2013 年的中国外交展示出更宽阔视野、更积极作为，不仅是成功的开局之年，也是创新之年、丰收之年。2014 年，中国外交将继续积极进取。"[1]"更加进取"是指中国将继续推出加强双边、多边、领域合作的建议，投入更多的政治、经济、文化和人力资源，在难点和重点问题上敢于担当和有所作为。而且，中国亚太战略的进取性思维还表现在全面和长期筹划，确定近中远期重点，加强国内外联动机制建设，强调在双（多）向互动中落实"亲、诚、惠、容"的战略性理念。

（二）美国将在不断调整中修正和推进"亚太再平衡"战略

未来 10 年，美国将继续提升亚太在全球战略中的地位，并在各种名义下推进"亚太再平衡"战略。

1. 以军事安全优先证明美国存在的合法性。

美国在亚太的经济、政治和文化影响相对下降，因而需特别强调亚太的安全问题，来证明其军事存在的合法性。奥巴马政府的军事战略报告指出，美国将缩减陆军规模，减少在欧洲的军事存在，转而加强在亚太地区的军事存在，以"维护亚太的安全与繁荣"。[2]更为重要的是，美国正在努力将以其为首的亚太盟国体系从双边的"辐辏型"朝多边网络型发展，以便更加有效地掌控亚太军事安全局势和防范中国的军事安全挑战。

---

[1] http://www.fmprc.gov.cn/mfa_chn/zyxw_602251/t1135388.shtml.

[2] 《维持美国的全球领导地位：21 世纪国防的优先任务》，http://news.xinhuanet.com/world/2012-01/06/c_111385096.htm。

2. 以政治外交手段全面推进战略目标。

美国在继续重点突出军事安全的同时，通过加强政治外交达到对"亚太再平衡"战略的"再平衡"。美国继续加强同其盟国和准盟国的政治外交协调，整合和形成政治外交共识，积极参与并争取领导亚太的地区合作机制，推进在中国周边的"民主"和"民生"运动，以此维护其在亚太的领导权。

3. 以经济规则制定维护领导地位。

"百足之虫，死而不僵。"美国经济实力下降是相对和较长的历史过程，迄今为止，美国在经济领域的领先地位，特别是在规制权和话语权方面更是遥遥领先于其他国家。在亚太经济合作方面，美国试图通过釜底抽薪的方式，虚化现有的世界贸易组织这一经济合作机制，建构美国"一体两翼"的全球经济新机制，即以北美自贸区为主体，《跨太平洋伙伴关系协定》（TPP）和《跨大西洋贸易与投资伙伴协定》（TTIP）为两翼，继续主导世界和重要地区的经济活动。

（三）俄罗斯亚太战略的重点在于能源外交和地区合作

未来十年，俄罗斯在亚太的综合能力还不足以发挥全面影响，所以重点还是放在能源驱动的经济合作以及地区合作两个方面。

1. 能源驱动的经济合作。

俄罗斯能源的亚太市场主要在中国、日本和韩国，尤其是中俄能源合作更具战略意义。在中俄形成长期稳定的能源供需关系的进程中，两国还需要应对来自区内外的挑战，如美国能源革命的影响、中亚政治转型的溢出效应以及中俄两国的国内政治等。正如有的学者所指出的那样："俄罗斯亚太能源发展战略是利用东西伯利亚和远东地区资源潜力，优先发展石油、天然气等资源的勘探开发，发展基础设施，建立全方位辐射东北亚的石油、天然气、电力资源的区域能源配送系统，并加强与亚太地区各国开发油气资源的合作。"[1]

---

[1] 刘涛、刘清才：《俄罗斯亚太能源战略与中俄能源合作》，载《黑龙江社会科学》2014 年第 2 期，第 41 页。

2. 地区合作的拓展。

俄罗斯在东亚区域和领域方面的影响远远小于中亚。普京总统为此加大俄罗斯对各种地区合作机制的参与度，联手中国共同加强在东亚和太平洋地区的合作，实现"丝绸之路经济带"和跨越欧亚大铁路的对接，并重视发展与日本、印度和东盟等亚太主要国家或国家集团的政治和经济关系。因此，李新把俄罗斯的亚太地区合作总结为："在政治和安全方面，参与亚太政治安全体系与机制建设；在经济上，积极融入亚太经济一体化进程，面向亚太市场开发西伯利亚和远东。"[1]

（四）中美俄在亚太地区互动的新趋势

在新形势下，中美俄战略互动具有以下三个值得关注的新趋势。

1. 中美俄的利益冲突增加。

美国的亚太领导权和利益有可能被削弱的迹象日益增加，中国成为其主要防范甚至是遏制的对象。中国在亚太的利益正在从经济和外交向更多领域发展，从而增加了同美国及其盟国的摩擦面。俄罗斯在更加积极进入亚太地区时，也增加了中美俄利益冲突的可能。

2. 传统安全领域的竞争面上升。

美国"亚太再平衡"战略的重点是军事安全问题，矛头明显指向中国。而且，美国在亚太海洋权益争端中采取"拉偏架"的立场，引发或激化了某些美国盟国同中国在安全军事领域的摩擦。俄罗斯在亚太的主要优势在于军事方面，因此势必会影响美国的军事和安全主导地位。在此战略态势下，中国和俄罗斯加强了安全军事方面的战略性协作，在合作应对美国压力的同时实际上形成对后者的挑战。

3. 第三方因素影响的增加。

中美俄在亚太地区的战略互动还受到他们在其他地区互动的影响。中美俄在伊朗核问题和叙利亚化学武器问题上的互动都在它们的亚太战略和

---

[1] 李新：《试析俄罗斯亚太新战略》，载《现代国际关系》2013 年第 2 期，第 13 页。

政策上有所表现，美国还渲染中国可能会在亚太仿效俄罗斯在克里米亚事件中的做法。还有第三方试图在中美俄负面互动中获利。中美俄在区域内外的互动进一步反映出国际力量对比的变化，也影响到其他国家和地区。三国在诸如能源和网络安全等领域问题上的互动，也直接间接地同它们的亚太战略和政策挂钩，至少成为相互讨价还价的筹码。

三、 理论和战略思考

当前的国际力量对比正在发生重大乃至根本性变化，大国关系兼具国家权势和全球治理的双重特征，我们在重新审视中美俄在亚太地区的互动及其理论和战略意义时，需要超越现有思维束缚，进行理论与战略创新。

（一）大国博弈理论的新旧并存

大国博弈意在谋划和运筹中取胜，要在此种充满竞争元素的理论中扩大合作共赢面实属不易，但值得努力。

1. 冷战时期的大国博弈思维和实践的惯性作用。

大国博弈在冷战时期主要体现在最坏打算、集团对抗和赢者通吃等方面。冷战结束后，美国和西方的一些大国当政者仍旧信奉这些理论，通过北约和欧盟的"双东扩"继续对俄罗斯"穷追猛打"，为普京总统在克里米亚事件中的"绝地反击"埋下了伏笔。2008年全球金融危机爆发后，美西方战略关注重点更加集中于中国，并施加巨大战略压力，以致在2014年香格里拉对话会上首开联手公开围攻中国的恶劣先例。

2. 当前大国博弈的新特点。

当前大国博弈自然包括原有大国博弈的主要元素，但具有以下新特点：第一，多极化排除了一国独霸的可能性。美国已经失去了单超独霸的实力和地位，它在相当程度上必须与其他大国共同协商和协调。当代大国包括传统大国、新兴大国和地区大国（即"中等强国"），它们之间的排列组合呈几何数级，相互关系的复杂程度为历史之最，美国对此很难独家掌控。

第二，全球化决定了三国的竞合关系。一方面，中美俄不尽相同的战略目标导致相互间的竞争关系。中美具有新兴大国和守成大国之间的竞争关系，美俄关系是当今超级大国与昔日大国之间的竞争关系，中俄也存在两个相邻大国间常有的竞争关系。另一方面，中美俄相互间具有日益密切的相互依赖和相互交流关系，需要共同应对全球性问题挑战，在共同制度和规范下实现各自的利益目标。第三，中美俄在某些机制建设方面的共识有所增加。三国在伊朗核问题上共同通过"5＋1"机制达成一定程度上的合作，在朝鲜核问题上加强在非核武器化方面的合作，在叙利亚化学武器危机管理上体现了有效的理性。此外，三国在发生利益冲突或战略对抗时，也尽量使其处于可控范围，尽量做到"斗而不破"，避免大国间的迎头相撞。

（二）地缘战略的新发展

地缘战略的历史与国家形成的历史同样久远，因而容易使人产生"惯性思维"，从而失去对新环境和新形势的适应和反应。

1. "亚太再平衡"和"亚洲命运共同体"。

奥巴马政府用战略猜疑和战略对冲理论在亚太各国间突出军事安全因素，拉帮结派搞围堵，造成新的战略冲突态势，致使冷战后相对和平发展的亚太地区有可能陷入新的集团对抗。与此形成鲜明对照的是，中国努力更新地缘战略理论和实践，提出亚洲新安全观，主张共同合作、综合、可持续安全，倡导"丝路精神"和践行"一带一路"新合作，追求亚洲利益共同体和命运共同体。中美在亚太战略蓝图上的不同基点反映了两国不同的战略哲学、战略思维和战略目标。作为新形势下全球两个最主要的行为体，中美在地缘战略上的理论和实践将对未来亚太乃至整个世界产生重要影响。

2. 国际问题学者的历史任务。

在新形势下，国际问题学者需要对地缘战略及其相关问题进行理论总结和提炼，改变理论滞后实践境况，实现从政治理论向学术理论的转变。第一，超越原有的地缘局限性。地缘因素在国际关系中历来占有重要的地位。从麦金德到布热津斯基的地缘观大多以地理区位为中心，强调"欧亚心脏"论、"海上优势"论、"动荡弧形"论和"新月围堵"论等。在这些主体思维中，很少有复合空间和相互交织的多维地缘意识，更不用说"义利观"和"命运共同体"思想。在新形势下，只有在超越原有的地缘思维模式和范式后，才能更好地理解当前与未来地缘战略的实质，更加科学地擘划未来的"新地缘战略"。第二，超越原有的地缘战略思维。原有的地缘战略思维的基础是追求一国的绝对地缘优势和实现一国的绝对安全。但在当今世界，以军事结盟为核心的地缘战略布局不仅落后于时代潮流，而且还会导致战略性对抗。由此可见，国际社会在应对地缘战略挑战和建构地缘战略合作方面需要同时并举，化解消极因素，扩大积极因素，建构符合时代潮流的新地缘战略思维。第三，超越地缘战略固有的局限。对于地缘战略的局限，中国古代先贤们早就指出过："天时不如地利，地利不如人和。"英国在近现代对欧洲一直搞"离岸均势"和"欧陆均势"；但在加入欧共体后就顺势转入欧洲一体化进程，在一定程度上和法国、德国等欧洲国家共同超越了狭隘地缘战略的束缚。金砖国家基本上并不互相接壤，但能超越地缘空间整合共同战略目标和途径成为当代国际关系的新亮点。中国在加强同非洲和拉丁美洲国家合作时，也力图超越地缘战略固有的局限，强调合作共赢和包容发展。所有这些都在一定程度上超越了地缘战略固有的局限，为未来"新地缘战略"提供了有益的启示。

（三）对抗型集团的预防和应对

自从西方有人提出建立亚洲版北约以来，美国和日本等亚洲盟国加强了集团政治和集团军事，致使中美俄三边关系增加了可能的集团对抗的因素。

1. 中美俄关系的历史经验教训。

第二次世界大战结束不久，中美苏就进入冷战时期，形成壁垒分明的东西方两大对抗集团，朝鲜战争和越南战争更是严重影响了三国关系和亚太形势。1972年尼克松访华后形成了中美苏大三角战略关系，中美接近并联手对付苏联在亚太的扩张，苏联1979年入侵阿富汗后强化了中美的战略接近。但 1982 年后，中国开始拉开同美国的距离，中苏逐渐和解，逐步形成了中美苏和平共处的新局面。冷战结束后，俄罗斯一度力图结好于西方，但事与愿违，不断受到后者的打压和挤压，最终于 1996 年主动提出建立中俄战略协作伙伴关系。2001 年的 "9·11" 事件为俄美关系和中美关系提供了新的合作契机，但这两对双边关系的改善没能发展成机制性的三边关系。2008 年的俄罗斯-格鲁吉亚战争、2010 年的 "亚太再平衡" 战略和 2014 年的克里米亚事件导致美国同时交恶于中俄，中美俄关系中重又出现了 "二对一" 的对抗因素。战后中美苏（俄）三边关系的历史一再证明，三边关系战略意义重要，处置不当就会导致对抗和战争，处置得好则是多赢共赢。朝鲜战争和越南战争使美国元气大伤，迫使尼克松总统承认世界存在 "五大中心"。中苏对抗严重滞后了两国的政治和经济发展，与后来的苏东剧变也不无关系。在当前中美俄三边关系有可能出现集团性对抗时，有关多方应当认真汲取历史经验教训，避免重犯历史性错误。

2. 前瞻地推进中美俄三边关系。

中美俄对全球和亚太都负有特殊的责任，更需要共同推进新型大国关系，造福于亚太和整个世界。中美俄之间需要增信释疑和防止集团性对抗的重现，为此需要：第一，中美俄需要立足世界和放眼长远，以负责任的历史担当规划和处置三边关系，扩大利益交汇点，妥善处理相互间矛盾和问题。第二，加强经济和安全机制合作，三方要在重大问题上事先通报和磋商，防止 "突发奇想"，加强经济和金融合作，联合进行人道主义救助或军事演习等。第三，共同应对非传统安全挑战，联手应对气候变化和环境污染，合作应对日益东进的恐怖主义和伊斯兰激进主义等。第四，开展多层次和多渠道的战略对话，启动三边 "一轨对话"，加强三边 "二轨对话"，加强机制性战略沟通，甚至可以考虑在适当的时机实现中美俄的三边首脑会晤。第五，超越三边合作的地域和领域束缚，与更多的国家在更多领域内相互合作，同时防止第三方恶性利用中美俄的问题和矛盾。当然，我们在提出积极和前瞻建议时，还要有 "底线思维"，准备迎接中美俄三边关系可能的严峻挑战。

四、结语

三边关系是国际关系的永恒课题，而中美俄关系又是当代最为重要的三边关系，对此不仅要进行一般意义上的系统梳理、战略介绍、政策比较和理论总结，而且还要从理论的建构和创新角度深化研究。首先，要从现实中发现规律。在多极化、全球化、区域化、信息化和多元化等内外新环境中，我们不能满足于对中美俄三边关系进行陈述性的分析，需要进行深层次的规律性总结和探索，以此指导中美俄及其他的三边和多边关系，从而实现从感性认识向理性认识的转变。其次，要从趋势中判断方向。中美俄是世界上三个重要的大国，亚太地区是世界上变化最活跃的地区，它们之间的互动影响着国际关系的走势。检验中美俄亚太战略的唯一标准是实践；但国际社会不能袖手等待结果，相反需要在发展中进行方向性判断，及早思考和及早行动，争取在影响和塑造趋势上更加有所作为。再次，要在挑战中捕捉机遇。面对中美俄关系中负面因素增加的挑战，三国要善于捕捉机遇，进行建设性和积极的正向转换。当前最重要的任务是将三对双边对话机制提升为三边对话机制，并在可能条件下建立"3＋x"的机制，即中美俄根据不同情况邀请有关方面就亚太安全和经济合作问题进行战略对话和作出实际努力。最后，要在创新中建构理论。国际关系理论同时代发展密切相关，它在第一次世界大战、第二次世界大战、冷战及后冷战时期都有过很大的发展。当前，国际关系理论正处于发展新阶段的起步期，进行理论创新正当其时。中美俄及世界各国的学者都要加强理论自觉，设计出经过努力可以实现的战略目标，超越"我赢你输"的权谋战略和算计战略，用创新理论服务于世界和平、发展、合作、共赢的伟大事业。

新时代大国关系与周边海洋战略的调整和塑造[*]

党的十九大胜利召开，标志着中国特色社会主义进入了新时代。在新的历史方位中，中国特色的大国外交形成了全方位、多层次、立体化的外交布局。近年来，周边海洋问题逐渐成为我国周边外交面临的严峻挑战之一。该问题既涉及我国与周边国家在具体议题上的利益博弈，又受到中美关系等大国关系的影响。应把握时代潮流发展的大方向和大国关系的总框架，分析当前我国周边海洋战略问题的多层次矛盾，结合新时代我国周边外交的基本理念和处理中美关系的总体思路，从被动应对周边海洋问题发展为主动塑造周边海洋问题的区域合作架构。

一、 建构新时代的大国关系框架

在大发展、大变革、大调整以及和平发展仍是时代主题的大背景下，大国在中国的外交筹划中始终居于重要的地位。保持大国关系总体稳定和均衡发展是我国的外交工作重点。

（一）推动构建新型国际关系

构建相互尊重、公平正义、合作共赢的新型国际关系，以构建人类命运共同体为处理国际关系的共同目标，以共同利益为处理国际关系的重要

---

* 原文载《边界与海洋研究》2018 年第 1 期，第 14—23 页。

基础，以共赢为处理国际关系的基本原则，以合作为处理国际关系的主要方式。[1]大国往往是决定战争与和平的关键因素，有效管控矛盾分歧，建立良性的竞争合作关系是大国的重要责任。保持大国关系健康稳定发展，就需要以新型国际关系为基础。首先，相互尊重是新型国际关系的前提。大国应尊重彼此的核心利益和重大关切，应当超越零和博弈、冷战思维等旧观念，尊重彼此自主选择的社会制度和发展道路。其次，公平正义是新型国际关系的核心。唯有建立在公平正义基础上的国际安排才能得到各国的认可和支持，把自己的意志强加于人既损害国际关系的稳定性，也不利于应对共同面对的全球性问题的有效性。最后，合作共赢是新型国际关系的目标。大国间应当以合作实现共赢，通过互利合作，协力解决关乎世界发展和人类进步的重大问题，为世界和平与繁荣作出贡献。

（二）构建全球伙伴关系网络

中国把建立伙伴关系确定为国家间交往的指导原则，初步构建起遍布全球的伙伴关系网络。2015年9月，习近平主席在纽约联合国总部发表重要演讲指出："我们要在国际和区域层面建设全球伙伴关系，走出一条'对话而不对抗，结伴而不结盟'的国与国交往新路。大国之间相处，要不冲突、不对抗、相互尊重、合作共赢。"[2]伙伴关系与结盟存在根本区别，它不设假想敌、不针对第三方。中国积极推进大国伙伴关系。例如，中国已同俄罗斯建立全面战略协作伙伴关系，同法国建立全面战略伙伴关系，同德国建立全方位战略伙伴关系，还同欧盟建立中欧"和平、增长、改革、文明"四大伙伴关系。伙伴关系真正体现了和平性、平等性和包容性的特征，为大国间建立新型国际关系提供了创新思路。

---

[1] 王毅：《构建以合作共赢为核心的新型国际关系——对"21世纪国际关系向何处去"的中国答案》，载《学习时报》2016年6月20日第1版。

[2] 习近平：《携手构建合作共赢新伙伴，同心打造人类命运共同体（2015年9月28日）》，《习近平谈治国理政（第二卷）》，北京：外文出版社2017年版，第523页。

（三）大国关系的框架内涵

中国以扩大同各国的利益交汇为基础，推进大国协调和合作，致力于构建总体稳定、均衡发展的大国关系框架。

首先，利益交汇是大国合作的基础，国家间寻求和扩大利益汇合点，通过务实合作促进合作共赢。经贸合作往往是大国关系的稳定器和压舱石。尽管近一段时间美欧一些国家贸易保护主义抬头，但也应该看到各国都把发展经济作为国家振兴的优先选项，这就为拓展经贸合作、实现双赢提供了空间。此外，有效应对日益严峻的全球性问题和世界热点问题，如恐怖主义、大规模杀伤性武器扩散、金融危机、严重自然灾害、气候变化、能源资源安全、粮食安全、公共卫生安全等成为大国利益交汇新的增长点。

其次，推进大国协调与合作。大国关系问题首要的是战略互信问题。协调与合作是增进大国间战略互信的主要途径，这其中就包括了定期首脑会晤和高水平对话磋商机制等。中国已经同各主要发达国家建立了各种类型的战略对话机制。例如，中美从 2009 年到 2016 年连续举办七轮战略与经济对话；中国与欧盟 2017 年年初在北京举行第七轮中欧高级别战略对话；金砖国家领导人第九次会晤在厦门举行；2017 年年底，中国、俄罗斯、印度举行了第十五次三边外长会晤。中国还不断探索创设新的大国协调机制。2017 年 4 月，中美两国元首在海湖庄园会晤时作出战略决定，建立中美外交安全对话、全面经济对话、社会和人文对话、执法及网络安全对话四个高级别对话机制；此外，2017 年年底，中美两国国防部举行了第二次亚太安全对话。

最后，总体稳定和均衡发展。构建总体稳定、均衡发展的大国关系框架，是中国处理大国关系的新思路，意在从中国特色大国外交出发，维护大国关系稳定，综合考虑同各个大国的关系。在中国国力增长、国际力量对比加速变化的背景下，一些西方人炒作既有大国与新兴大国走向冲突的所谓"修昔底德陷阱"之类的大国零和博弈假设，在一定程度上导致国家间的不信任感上升。保持中美关系健康稳定发展的现实紧迫性和重要性更加突出。2013 年，习近平主席访问美国，与美方达成建设中美新型大国关系的共识。2017 年 11 月特朗普访华，中美两国元首高度强调中美关系对于两国人民福祉和世界和平、稳定、繁荣的重要性。[1]我国在与各大国发展关系时保持均衡发展，不与任何一方对抗，也不同任何一家结盟。这与我国坚持的"结伴不结盟"的外交理念相一致。保持同各大国间的良性互动关系和良好合作关系是我国与大国交往的原则。

二、 中国周边海洋战略和多层次国际关系

周边海洋问题是当前影响我国周边地区安全与稳定的重要问题，也是我国周边外交工作的核心任务。党的十八大以来，我国不断深化同周边国家的关系，并且有理、有力、有节地处置应对了以南海问题为核心的复杂的周边海洋问题，为维护我国周边地区总体稳定，推动中国与周边国家友好合作关系的发展作出了积极贡献。

（一）中国周边外交和周边海洋战略

2013 年周边外交工作座谈会召开以来，在习近平外交思想的引领下，我国逐渐形成了完整的周边外交理论，对于中国周边外交布局提出了清晰的构想，并有效指导了我国的周边外交实践活动。

中国的周边外交始终秉持"亲诚惠容"的理念，坚持与邻为善、以邻为伴，开展同周边各国的友好合作关系。习近平总书记在 2014 年中央外事工作会议上提出："秉持亲诚惠容的周边外交理念，坚持与邻为善，以邻为伴，坚持睦邻、安邻、富邻，深化同周边国家互利合作和互联互通。"[2]在党的十九大报告中，习近平总书记重申周边外交工作的重要性，强调"按照亲诚惠容理念和与邻为善、以邻为伴周边外交方针深化同周边

---

[1]《习近平同美国总统特朗普举行会谈》，中国外交部网，2017 年 11 月 9 日，http://www.fmprc.gov.cn/web/zyxw/t1509099.shtml。

[2]《中央外事工作会议在北京举行》，载《人民日报》2014 年 11 月 30 日第 1 版。

国家关系"。[1]"亲诚惠容"的周边外交理念要求中国在开展周边外交的过程中以诚待人、互利互惠、开放包容、共同发展。这种高度概括的外交理念是中国睦邻友好和平外交政策的高度凝聚，对于周边外交工作具有重要的指导作用。

中国周边外交将"正确义利观"作为处理周边外交的重要准则。习近平总书记强调，"正确义利观"是"政治上，要遵守国际法和国际关系基本原则，秉持公道正义，坚持平等相待。经济上，要立足全局、放眼长远，坚持互利共赢、共同发展"。[2]在这一思想的指导下，中国在开展周边外交活动时，特别重视推动与周边国家在政治上的平等互利、在经济上的合作共赢。

构建"周边命运共同体"是中国周边外交的目标。在周边外交工作会议上，习近平总书记首次提出"让命运共同体意识在周边国家落地生根"[3]的主张，并且在 2014 年中央外事工作会议上，进一步明确将"切实抓好周边外交工作、打造周边命运共同体"[4]作为我国周边外交工作的重要目标。希望通过行之有效的外交行动，在政治、经济、安全、文化等多个领域共享利益，共担责任，将中国与周边国家打造成一荣俱荣、一损俱损的命运共同体。

过去五年，在习近平外交思想的指导下，中国周边外交工作取得了突出的成绩，与周边国家政治合作关系不断提升，经济合作全面深化，人文交流日益紧密，为我国发展营造了相对稳定的周边环境。作为周边外交的重要组成部分，中国在周边海洋问题上也坚决贯彻了习近平总书记周边外交思想，在复杂的斗争形势下取得了重要的成绩。

---

[1]《习近平：决胜全面建成小康社会　夺取新时代中国特色社会主义伟大胜利——在中国共产党第十九次全国代表大会上的报告》，载《中国共产党第十九次全国代表大会文件汇编》，北京：人民出版社 2017 年版，第 48 页。

[2] 习近平：《共创中韩合作未来　同襄亚洲振兴繁荣——在韩国国立首尔大学的演讲》，载《人民日报》2014 年 7 月 5 日第 2 版。

[3]《习近平在周边外交工作座谈会上发表重要讲话强调　为我国发展争取良好周边环境　推动我国发展更多惠及周边国家》，载《人民日报》2013 年 10 月 26 日第 1 版。

[4]《中央外事工作会议在北京举行》，载《人民日报》2014 年 11 月 30 日第 1 版。

党的十八大首次提出建设"海洋强国"的战略目标,并将提高海洋资源开发能力、发展海洋经济、保护海洋生态和坚决维护国家海洋权益作为建设海洋强国的基本任务。我国的海洋战略与周边外交目标一致,在党中央的统一领导下相互促进,共同发展。其中,作为周边外交与海洋战略的共同组成部分,我国的周边海洋战略主要承担着维护国家海洋权益,应对周边和域外国家所挑起的海洋问题纠纷等重要任务。面对周边海洋区域的政治环境,特别是以南海问题为代表的复杂周边海洋问题的挑战,我国外交和海洋问题主管部门在贯彻周边外交理念的基础上,制定了清晰可靠的斗争策略,充分利用政治、法律和外交武器,有效管控南海问题,维护了我国周边海洋区域的和平与稳定。

(二)围绕南海问题的海洋争端与海洋合作

南海问题已经成为我国在周边外交领域的严峻挑战之一,围绕着中国与部分周边国家、中国与国际组织以及中国与域外大国关系三个层面形成了复杂的竞合关系,影响着我国周边的战略态势。

第一,双边层面的南海问题是中国与部分周边国家的具体利益争端。狭义的南海问题是中国与部分南海周边国家围绕着南海岛屿主权、各国管辖海域的海洋划界问题,以及与划界直接相关的海洋生物资源和非生物资源的分配问题的总称。[1]在这一层面上,中国与越南、菲律宾、马来西亚、印度尼西亚和文莱等五个东南亚国家存在不同的利益诉求。此外,东南亚五国相互之间也在海洋划界和岛屿主权问题上存在很多争议,围绕着南海岛礁和海洋权益问题,各国在双边层面形成了复杂的矛盾与利益冲突。

第二,多边层面的南海问题影响到中国与东盟关系的重新磨合。东盟并不是南海问题正式参与方,但作为东南亚区域最重要的国际组织,以集体行动的方式参与南海问题,始终是东盟一贯的政策。从 20 世纪 90 年代开始,东盟就积极介入南海事务,并且在推动签署《南海各方行为宣言》

[1] 贾宇:《南海问题的国际法理》,载《中国法学》2012 年第 6 期,第 28 页。

等问题上发挥了重要作用。越南、菲律宾等国试图利用东盟作为一个整体与中国形成对抗。部分东盟国家也希望以多边方式掌控南海形势发展，提升东盟在地区事务中的影响力。为了实现这一目标，东盟多次尝试以共同声明等方式在南海问题上一致发声，并且还主动拉拢域外大国参与南海问题，推动南海问题国际化。这种状况给南海问题带来了严重的消极影响，也给东盟自身的发展埋下了隐患。[1]幸运的是，2016年7月以后，南海问题逐渐降温，东盟内部在相关问题上逐渐形成共识，中国与东盟也于2017年就"南海行为准则"框架达成协议。中国东盟关系也终于渡过了这段艰难的磨合时期，逐渐回归稳健发展的轨道。

第三，全球层面的南海问题反映了中国与域外大国在亚太地区的战略竞争。南海问题的演变具有重大的国际背景，以美国为首的域外大国将南海问题作为参与亚太事务的战略支点，利用南海问题向中国施压，以实现自身的战略目标。奥巴马政府大力推动"亚太再平衡"战略，重新加强同亚太地区传统盟友的联系，构建地区海上盟友网络，并积极利用亚太地区的既有安全问题，为美国"重返亚太"寻找战略支点，而作为冷战遗留下来的复杂的南海问题，就成为美国重返亚太的重要着力点。2012年后，美国一方面积极支持和鼓动菲律宾、越南在南海问题上作出各种挑衅行为，使其成为美国南海政策的马前卒；另一方面积极在国际舆论中炒作南海问题，并且通过南海巡航等方式向中国施压。以这种方式分化中国和东南亚国家，并通过议题炒作迫使亚太地区的部分传统盟友进一步被纳入美国战略轨道。[2]此外，日本、澳大利亚、印度和欧盟等国都试图通过各种方式参与南海问题，域外大国的参与使得南海问题成为大国地区博弈的焦点问

---

[1] 葛红亮：《东盟在南海问题上的政策评析》，载《外交评论》2012年第4期，第66—80页。
[2] 周琪：《冷战后美国南海政策的演变及其根源》，载《世界经济与政治》2014年第6期，第23—44页；焦世新：《"亚太 再平衡"与美国对南海政策的调整》，载《美国研究》2016年第6期，第64—89页；信强：《"五不"政策：美国南海政策解读》，载《美国研究》2014年第6期，第51—68页；蔡鹏鸿：《美国南海政策剖析》，载《现代国际关系》2009年第9期，第1—7页。

题之一，严重影响了南海问题的解决和中国周边区域的稳定。

总的来说，尽管在 2016 年 7 月以后南海问题因国际和地区形势变化进入了相对稳定的发展阶段，但是其核心问题并未得到妥善解决，各种矛盾仍有可能再次激化。如何应对复杂的南海问题对我国周边海洋形势的挑战，已经成为我国新时代周边外交工作最为重要的任务之一。

三、中美关系和海洋战略

随着世界海洋局势的不断发展与变革，中美两国的海洋战略都进入了"新时代"。中国在党的十九大精神的指引下向海洋强国迈进，逐渐形成了具有中国特色的海洋战略。反观美国，其海洋战略在形式上虽是翻新，但其本质却愈发保守。特朗普政府的《国家安全战略报告》用"印太"取代了"亚太"，从官方的战略层面明确了"印太"的地理边界"从印度洋西海岸到美国西海岸"；同时，将中国定位为"竞争对手"，并认为"中国试图颠覆美国在印太地区的领导地位，扩展其国有经济模式，重构地区秩序"。[1]其背后所透露的是美国对中国在亚太地区日益增长的影响力的恐惧，也表露出美国对其政治影响力下降的忧虑。

（一）从"亚太再平衡战略"到"印太战略"

特朗普政府上台之后，虽对奥巴马政府"亚太再平衡战略"的某些做法提出异议，并不再公开提及此战略，但其内核却被保留了下来，并用新的"印太战略"命名之。以"印太战略"取代"再平衡"战略，逐渐构成了特朗普政府的亚太战略核心，其特征主要有以下四点。

第一，"印太战略"是奥巴马政府"亚太再平衡战略"的继承与发展。美国国务卿蒂勒森先是在 2017 年 10 月访问印度时确认"印太"概念，特朗

---

［1］ National Security Strategy of the United States of America，Dec.2017，p.46，https：//www. whitehouse.gov/wp-content /uploads/2017/12/NSS-Final-12-18-2017-0905.pdf.

普 11 月的亚洲之行多次提及"自由与开放的印太战略"，并与日本、澳大利亚等亚太地区国家就"印太"提法取得共识。当前，"印太"已取代"亚太"，写入美国《国家安全战略报告》之中，成为美国国家安全战略中的重要组成部分，足见"印太战略"之地位。

第二，"印太战略"加速了美国亚太安全战略架构的转型。自第二次世界大战后，不同于美欧之间的多边同盟体系，美国在亚太地区安全战略的基本特征是以美国为核心、以双边同盟为基础的"轴辐体系"。但是，随着 2008 年全球金融危机后美国的相对衰弱，美国对于凭一己之力维系原有的"轴辐体系"感到力不从心，于是要求盟国承担地区安全责任、分享地区安全负担、共享地区安全利益。美国的安全体系从"轴辐体系"向多边化、网络化转型的趋势愈发明显。其中，最为明显的特征是日本的"次轴心"[1]地位更加突出。近年来，日本不断加强与澳大利亚、韩国等美国盟国间的军事合作，提升与澳大利亚的安全合作地位，积极推动美日印澳四边合作机制，对特朗普政府"印太战略"的出炉亦有推动作用。

第三，"印太战略"加大了美国与其盟友在亚太地缘政治与地缘经济方面的矛盾。当前，特朗普的"印太战略"架构只在地缘政治层面起到了稳定盟友及伙伴国的作用。但相较于安全层面，特朗普政府并未在亚太地区提供新的地缘经济战略，反而退出《跨太平洋伙伴关系协定》（TPP）谈判，至少暂时放弃了构筑亚太多边经济框架的努力，导致"印太战略"在安全与经济方面的失衡。

第四，"印太战略"预示着中美战略竞合关系进入"新时代"。首先，"印太战略"重塑了中国在美国地缘战略中的地位。在"亚太"的地缘视角下，中国仅是太平洋西侧边缘的大国，较日本更为遥远。而在"印太"视角下，中国居于中心位置，且处于日本、印度、澳大利亚的包围之下。同时，将中国置于战略中心的定位，既是"再平衡"精神的体现，也是"再

---

[1] 信强：《"次轴心"：日本在美国亚太安全布局中的角色转换》，载《世界经济与政治》2014年第 4 期，第 52 页。

平衡"手段的映射——构筑对华战略包围圈。其次,"印太战略"加大了中国在地区安全上的压力,从北方的黄海(朝核危机)到台海,到东海(钓鱼岛争端)再到南海,都将给中国解决争端带来新的考验与困难。最后,"印太战略"还将对"海上丝绸之路"的建设带来政治压力。"印太战略"的地理框架有很大一部分与"海上丝绸之路"沿线相重合,美国认为中国在这一地区谋求"霸权",而域内国家需要美国维护地区秩序。[1]所以,美国利用其业已存在的政治优势,对中国"海上丝绸之路"建设形成阻滞,遏制中国将其日益强大的经济实力转化为政治影响力,是其"印太战略"的基本战略目标之一。

(二)中美海洋战略的分歧和磨合

习近平总书记指出,要"坚持陆海统筹,坚持走依海富国、以海强国、人海和谐、合作共赢的发展道路,通过和平、发展、合作、共赢方式,扎实推进海洋强国建设"。[2]中国的周边海洋战略立足于发展海洋经济,不断提高海洋资源开发能力,坚决维护国家主权和领土完整及海洋权益,保障实施海洋及其资源开发的安全环境。美国的"印太战略"则是维持其海洋霸权和阻滞中国发展的战略。具体来看,中美海洋战略的分歧和磨合主要在全球和地区两个层面展开。

在全球层面,中美之间的分歧从地区向全球领导力延伸,内涵从话语权向规制权转移,竞争点从中低端领域向高科技部门转移,范围从双边向第三方和多边机制延续,特朗普政府的国家安全战略将中国定义为美国"战略上的竞争对手"[3],这是美国对华战略本质的真实写照。

在地区层面,热点问题此起彼伏和交替升温。美国维持地区传统同盟

---

[1] National Security Strategy of the United States of America,Dec.2017,p.46,https://www.whitehouse.gov/wp-content/uploads/2017/12/NSS-Final-12-18-2017-0905.pdf.

[2]《习近平:进一步关心海洋认识海洋经略海洋 推动海洋强国建设不断取得新成就》,新华网,2013年7月31日,http://news.xinhuanet.com/politics/2013-07/31/c_116762285.htm。

[3] National Security Strategy of the United States of America,Dec.2017,p.46,https://www.whitehouse.gov/wp-content/uploads/2017/12/NSS-Final-12-18-2017-0905.pdf.

体系的能力下降，退出《跨太平洋伙伴关系协定》导致安全和经济两大地区战略抓手失衡，中美战略磨合与竞争的重点由东南亚向北转移，朝核问题成为地区国家间以及中国与美国等域外国家关系的主要变量。南海问题出现缓和迹象，菲律宾杜特尔特政府不再将所谓"南海仲裁案"作为筹码，南沙有关争议由直接当事国通过协商谈判妥善解决，南海地区和平稳定由中国和东盟国家携手共同维护的"双轨思路"[1]得到进一步体现，"南海行为准则"框架也顺利达成，但随着各方执法、巡航等活动的幅度增强，突发事件的处理和应对可能成为海上博弈的主要方面，不能排除其他国家在相关涉海问题上援引裁决结果，甚至效仿此案将其他争议提交国际司法仲裁程序的所谓"南海仲裁案"后遗症。因此，积极推动完善中美四大高级别对话机制，用好首脑外交的契机阐明各自在高度敏感性议题上的基本原则及政策底线，是避免中美在海洋问题上产生战略误判的关键。

（三）中国的战略思想和战略应对

事实上，中美两国对"新时代"有着完全不同的认知。中国认为"和平与发展"是时代主题，而美国则认为新时代是"竞争的世界"。[2]中国的心态更加积极，而美国的心态愈发保守。时代认知的差距必然导致战略行为的分歧。美国对华战略的主轴仍是"接触与遏制"，在"印太战略"基调下，对华遏制可能提升至更高水平。反之，中国在应对美国充满"冷战思维"的战略模式之时，不可陷入其战略框架，要跳出其战略陷阱，发挥自身的战略优势。在美国人讲斗争的时代下，中国更要宣示和平的重要性，中国在海洋战略上要有自己的新思维与新模式，并形成中国特色的海洋战略。

第一，在战略理论上，中国特色海洋战略超越了西方海权理论。首先，西方海权理论有其时代局限性，是在特定历史背景条件下，为西方列强争

---

[1]《王毅："双轨思路"是解决南海问题最为现实可行的办法》，外交部网站，2016 年 4 月 21 日，http://www.fmprc.gov.cn/web/zyxw/t1357479.shtml。

[2] National Security Strategy of the United States of America，Dec.2017，p.46，https://www. whitehouse.gov /wp-content/uploads/2017/12/NSS-Final-12-18-2017-0905.pdf.

夺世界霸权所形成的理论。马汉版"海权论"的哲学根源受古希腊雅典海军传统及政治家伯里克利的影响颇深，且总结英法百年战争之经验，遂成一家之言。后世，无论英国人科贝特还是苏联的戈尔什科夫，都基于海陆争霸的历史经验而总结出一套基于争权夺利的海权观点。其次，西方海权理论的存在前提是一个"霍布斯式"争权夺利的世界，是当前国际海洋秩序不平等不公平的体现，与当今世界和平发展的主题不符，亦与我国所倡导的公平正义、合作共赢的"人类命运共同体"理念相违背。最后，当代海洋问题的复杂程度远超以往，海上反恐、反海盗等问题都需要合作而非斗争。

第二，在战略思维上，中国特色海洋战略发扬和平合作的传统。600年前，郑和曾率领着世界上最强大的舰队跨越南海，渡过马六甲海峡，途经印度、红海及东非海岸。此番远航既是世界航海史上的壮举，也是中国以和平之姿开展经贸文化交流的旅程，与后世的西方殖民者用坚船利炮叩关形成鲜明对比。2015年，李克强总理在访问马来西亚时曾撰文指出："中国明代航海家郑和曾七下西洋，五次到访马六甲，在中马两国史书上留下丰富的记载，三宝山、三宝井和许多美丽的故事广为流传。这首先归功于郑和当年的'有所为'。据记载，他在这里敦睦邦交、发展贸易、帮助当地军民修筑城墙，驱逐海盗、平息冲突、维护海上安宁、传播农业、制造、医学等生产生活技术。从后世的角度看，中马交往这段佳话的特别之处，还在于郑和的'有所不为'。他率领当时世界上最强大的舰队来到这片富庶之地，并没有搞掠夺，也没有搞扩张，更没有搞殖民，留下的是当地传颂了几个世纪的善举和义举。不仅做到了'己所不欲，勿施于人'，而且实现了'己欲达而达人'。郑和维护正义、兼济天下的事迹，正是中华民族热爱和平、睦邻友好的思想精髓，也是地区国家绵延至今的共同精神财富与文化基因。"[1]概而言之，"有所为"与"有所不为"的"郑和精神"是中华民族海洋实践中的珍贵历史遗产，是宝贵的历史财富。当代，发扬与继承

---

[1]《李克强：历史的航道　崭新的坐标　扬起的风帆》，中国商务部网站，2015年11月20日，http://www.mofcom.gov.cn/article/i/jyjl/j/201511/20151101190125.shtml。

"郑和精神"既是中国海洋外交中"和平理念"的历史传承，也有助于中国特色海洋战略更好地被世界各国所接受。

在战略行为上，中国特色海洋战略需要以合作为根基，进一步推动"一带一路"建设。首先，中国需要建立中国特色的海洋安全机制。在应对朝核危机、钓鱼岛争端、南海争端等安全议题时，利用逐渐推进的"南海行为准则"磋商机制等对话谈判经验，积极应对潜在挑战；在非传统安全领域，诸如反海盗、海上反恐等议题上，构筑多边合作机制，发挥中国的大国责任。其次，要以"21世纪海上丝绸之路"为战略平台，进一步夯实海上经济合作的基础。习近平总书记曾指出："要加强海上互联互通建设，推进亚洲海洋合作机制建设，促进海洋经济、环保、灾害管理、渔业等各领域合作，使海洋成为连接亚洲国家的和平、友好、合作之海。"[1]最后，要积极构建海上人文交流平台。"国之交在于民相亲"，人文交流是国家软实力的重要体现。中国传统文化的走出去与异质文化的引进来，在合作共赢的基础上开展跨文化交流，增进相互间的了解，排除误解，也是构建"人类命运共同体"的重要前提。

四、结语

习近平总书记提出："海洋在国家经济发展格局和对外开放中的作用更加重要，在维护国家主权、安全、发展利益中的地位更加突出，在国家生态文明建设中的角色更加显著，在国际政治、经济、军事、科技竞争中的战略地位也明显上升。"[2]党的十九大报告也指出，要"坚持陆海统筹，加快建设海洋强国"。[3]这些都是维护我国蓝色国土和海洋权益、处理与周边

---

[1]《习近平主席在博鳌亚洲论坛2015年年会上的主旨演讲》，新华网，2015年3月29日，http://news.xinhuanet.com/politics/2015-03/29/c_127632707.htm。

[2]《习近平：进一步关心海洋认识海洋经略海洋　推动海洋强国建设不断取得新成就》，新华网，2013年7月31日，http://news.xinhuanet.com/politics/2013-07/31/c_116762285.htm。

[3] 习近平：《决胜全面建成小康社会　夺取新时代中国特色社会主义伟大胜利》，北京：人民出版社2017年版。

国家关系、维护地区的和平与稳定的重要指导方针。随着综合国力、国际地位与影响力不断上升，我国面临国际海洋秩序深入发展、自身海洋利益持续拓展和各国海洋利益深度磨合的新变化。一方面，中国将在党的十九大精神指引下，推进大国协调和合作，构建总体稳定、均衡发展的大国关系框架，努力稳定包括海洋问题在内的大国关系；另一方面，中国以"一带一路"倡议为基础，推动区域互联互通规划，倡导共商、共建、共享原则，扩大双赢、多赢、共赢意识，开创互补、互联、互通模式，坚持陆海统筹，使六大陆上经济走廊建设与"中国—印度洋—非洲—地中海、中国—大洋洲—南太平洋、中国—北冰洋—欧洲"三大蓝色经济通道[1]相互衔接，推进区域海洋合作机制建设，促进各国在海上的蓝色经济、环境保护、防灾减灾等合作，凝聚周边安全观念共识，推动构建陆海非传统安全合作机制和周边安全共同体，使周边海洋合作成为构建新型国际关系和构建人类命运共同体的重要组成部分。

---

[1] 国家发改委、国家海洋局：《"一带一路"建设海上合作设想》，新华网，2017 年 6 月 20 日，http://news.xinhuanet.com/politics/2017-06/20/c_1121176798.htm。

当代大国相互定位及时代特征分析*

  人类社会在前所未有的机遇和挑战中，迎来了 21 世纪的第三个 10 年和国际形势的百年巨变。国际关系和全球事务不稳定性和不确定性因素不断增加，许多全球和地区大国都在为此而调整其国家定位。大国向来是决定国际关系极其重要的因素，而探讨大国的自我定位、相互定位、共同定位及其时代特征，有助于正确认识世界形势和顺应历史潮流，也有利于包括中小国家在内的整个国际社会形成最大限度的共识。为此，国际社会需要共同进行相关的实践探索和理论创新，推动新型国际关系和人类命运共同体的建设。

一、大国定位和时代变迁

  随着地理大发现，近现代意义上的国际社会开始逐步形成，世界进入殖民和资本大国的争斗时代后，陷入了长达数个世纪的"春秋无义战"[1]。但是，国际社会在第一次世界大战和第二次世界大战后先后进入"战争与革命"时代和"和平与发展"时代，从此掀开了国际关系史的新篇章。

---

　　* 原文载《国际展望》2020 年第 3 期，第 1—19、第 153 页。
［1］诸如英法的百年战争（1337—1453 年）、四次哈布斯堡与奥斯曼战争（1526—1580 年、1593—1606 年、1683—1699 年、1716—1718 年）、荷西的八十年战争（1568—1648 年）、席卷全欧的三十年战争（1618—1648 年）、英普（普鲁士）法的七年战争（1756—1763 年）、拿破仑战争（1803—1815 年）、英法俄的克里米亚战争（1853—1856 年），等等。

（一）政界和学界的国家定位

在国际关系和全球事务中，国家定位既是对国情和世情的认识和总结，也是国家制定内外战略和政策的重要依据，历来受到世界各国特别是大国政界和学界的重视。当代大国政界在国家定位时大多注重现实需要和目标导向，重点关注本国在国际社会中的地位、作用和权益。美国自我定位为世界领袖和西方盟主。2014 年，时任美国总统奥巴马声称美国还要领导世界一百年。[1]之后的美国总统特朗普"正让美国恢复传统的世界中心领导者地位……美国想要领导世界，从现在直到永远"[2]。中国的自我定位是社会主义国家和发展中大国，并将在 21 世纪中叶成为社会主义现代化强国。普京主政后对俄罗斯的定位是世界大国和当代世界有影响的力量中心之一。[3]法国认为"西方霸权或许已近终结"，重提"法国精神"，突出"与众不同"，意在重振法国在欧盟的领导地位。[4]印度则要从单一经济大国走向政治、外交和军事的综合大国，2019 年 5 月 27 日，莫迪在再次当选印度总理时表示："我们必须团结一致，拥有同一个目标，朝着同一个方向努力，以便在未来 5 年内重拾印度在世界秩序中应有的地位。"[5]学界讨论的重点集中在国家属性及国家定位与国际体系/秩序的逻辑关系上。中国学者秦亚青认为："国家身份指一个国家相对于国际社会的角色。具体地说，

---

[1] 《奥巴马在西点军校 2014 年毕业典礼上的演讲》（2014 年 5 月 28 日），中国日报网，2014 年 5 月 30 日，http://language. chinadaily. com. cn/news/2014-05/30/content _ 17555058. htm。

[2] Michael Pompeo, "Restoring the Role of the Nation-State in the Liberal International Order", Speech at German Marshall Fund, Brussels, Belgium, December 4, 2018, https://www.state. gov/Restoring-The-role-of-the-nation-state-in-the-liberal-international-order-2/.

[3] 参见 2000 年、2008 年、2013 年和 2016 年的《俄罗斯联邦外交政策构想》。

[4] 马克龙总统 2019 年 9 月 27 日，在法国驻外使节会议上的讲话，引自王珍：《"西方霸权已近末日"，一个有战略远见的判断！》，人民网，2019 年 10 月 11 日，http://world.people. com.cn/n1/2019/1011/c1002-31394591.html。

[5] 蓝建学：《印度：新的全球攻势外交》，半月谈网，2019 年 7 月 8 日，http://www.banyu-etan.org/gj/detail/20190708/1000200033136201562549156431619561 _ 1.html。

国家身份是一个现代意义上的主权国家与主导国际社会的认同程度。"[1]中国学者蔡拓认为，国家定位"通常是指一国在国际社会中的身份、角色、地位、作用的确认"[2]。英国学者巴里·布赞（Barry Buzzan）指出，国家定位在观念结构中就是一个身份建构的问题。身份一方面是自我认同的结果，另一方面也是在与他者的互动中形成的，甚至它本身就是国际关系进程的一部分。[3]美国学者沈大伟（David Shambaugh）认为，大国的主要界定标准是政治、经济、军事、文化等综合实力以及对其他国家的影响，如重塑国际外交、影响其他国家的政策、促成国际共识、组建军事联盟并解决问题等。[4]日本学者神谷万丈认为，一个国家的定位取决于该国所处的地缘环境和对外关系互动。地缘环境决定了国家在国际政治、军事、经济等方面的国家利益。与不同国家互动的紧密程度决定了该国的外交优先层级，换言之，国家在国际社会中需要将有限的资源投入最有收益的地方。[5]法国学者莫里斯·戈德利耶（Maurice Godelier）则强调在国家定位时要加大历史学、人类学和文化、经济等因素的权重。[6]

综上所述，国家定位是一国根据综合国力界定其在国际体系中的地位、作用和权益，并决定其在全球事务和国际关系中的战略目标。随着形势的变化和时代的进步，国家在定位时还要加大历史、文化和道义等因素的权重。而且，在全球化和信息化的背景下，还需要对国家间的相互定位和共同定位给予更多的关注。

---

[1] 秦亚青：《国家身份、战略文化和安全利益——关于中国与国际社会关系的三个假设》，载《世界经济与政治》2003 年第 1 期，第 10 页。

[2] 蔡拓：《当代中国国际定位的若干思考》，载《中国社会科学》2010 年第 5 期，第 121—122 页。

[3] ［英］巴里·布赞：《美国和诸大国：21 世纪的世界政治》，刘永涛译，上海：上海人民出版社 2007 年版。

[4] David Shambaugh, *China Goes Global: The Partial Power*, New York: Oxford University Press, 2013.

[5] 神谷万丈：『日本のアジア戦略と「インド太平洋」』，『インド太平洋時代の日本外交』，日本国際問題研究所 2015 年 3 月，第 113—130 頁。

[6] 《法国学者：西方应放弃自大 加深了解非西方世界》，参考消息网，2018 年 6 月 20 日，http://column.cankaoxiaoxi.com/2018/0620/2282418.shtml。

（二）大国定位的基础和发展

大国定位始终以综合实力为基础，但还需要考虑不同时代的条件、特点和大国之间关系的多样性。大国在确定基本定位之后，还要制定相应的战略和相关政策，以争取更多的主动和主导权。国家定位的基本依据是国家的综合实力和国际力量对比的态势，而定位于全球大国和地区大国的国家必须具备以下三个基本条件。一是人口、领土、自然禀赋和发展阶段等客观条件。中国、美国、俄罗斯、德国、法国、英国、印度、巴西等都符合这一条件。二是全球和地区的治理能力。大国不仅需要具有治理本国的能力，还要在全球或地区治理方面能够承担相应的义务和责任，甚至发挥引领作用。例如，澳大利亚在南太平洋地区能够发挥治理的引领作用，南非在南部非洲也具有这一能力。三是国家的发展潜力。中国、印度、巴西等发展中大国因其现实力量和发展潜力，被国际社会普遍认为具有大国地位。

大国在定位时还要确立近期、中期、远期的发展目标，以此决定发展的路线图和时间表。首先，战略目标的发展方向。这是国家定位的大方向，具有鼓舞人心和提振信心的作用。发达大国的目标往往是延续其现有的主导或领先地位，发展中大国的目标具有奋发向上和赶超的特点。其次，战略目标的阶段性和领域性任务。国家在确定长远的总目标后，还需要进行阶段性和领域性的分解，细化和深化的目标便于战略部署、具体落实和梯次推进。最后，战略目标的实施。战略目标的意义在于落实，中国改革开放以来逐步实现其发展战略目标，令世界瞩目。但也有大国因种种原因而无法实现其既定战略目标。例如，日本首相中曾根康弘在 1982 年 11 月 27 日第一次明确提出要让日本成为"政治大国"[1]，但日本至今仍未实现这一目标。又如，普京 2008 年提出在 2015—2020 年期间使俄罗斯的 GDP（按购买力平价计算）进入世界前五强的目标，但这一

---

[1] 顾关福：《战后国际关系（1945—2003）》，北京：时事出版社 2003 年版，第 317 页。

目标也未能实现。[1]

大国在进行自我定位时，因为不同的历史、文化、政治、经济等背景，存在多种国家定位。例如，美欧把世界各国划分为自由民主国家、威权国家和独裁国家；中东国家把世界各国划分为阿拉伯国家和非阿拉伯国家，或伊斯兰国家和非伊斯兰国家；国际上也有政治上的西方和东方、经济上的北方和南方、综合实力上的大国和中小国家的划分。中国把世界各国主要划分为发达国家和发展中国家两大类，这种划分得到大多数国家的认同。因此，在比较各国的国家定位时，要尽可能地在相同或相近的类别划分中进行。

（三）大国定位的时代背景

大国作为国际体系的主要行为体，是时代的塑造者和推进者。同时，时代一旦形成就具有相对的稳定性，将长期制约大国的自我行动和互动。

第一，近代和现代的时代背景。大国的国家定位和国际互动是在一定的内外环境中进行的，只有充分认识当时的时代背景，才能深刻理解大国定位与历史发展的互动逻辑，汲取大国成败的经验教训，把握全球事务和国际关系的脉络方向。

16世纪到19世纪是殖民和资本大国的争斗时代。在殖民主义和资本主义发轫和发展时期，西方大国在国内发展经济、改革政治体制和加强军事实力，在国际上主要通过战争来维护和加强其有利地位。西方大国在亚非拉地区的扩张充满血腥和残酷，埃及、印度和中国等东方文明古国相继沦为殖民地或半殖民地。但物极必反，殖民和资本大国在大肆扩张和无耻掠夺之时，也是其走向衰败的开始。正如马克思所洞察的那样："英国在印度

---

[1] 李建民：《普京治下的俄罗斯经济：发展路径与趋势》，载《俄罗斯研究》2019年第6期，第3页。

要完成双重的使命：一个是破坏性的使命，即消灭旧的亚洲式的社会；另一个是建设性的使命，即为亚洲西方式的革命奠定物质基础。"[1]

20 世纪初，已经崛起的美国在孤立主义的旗帜下蓄势待发，欧洲大国却还沉浸在"欧洲中心"的幻境之中。1914 年第一次世界大战（简称"一战"）爆发后，英国、法国、俄国等组成"协约国集团"，德意志帝国、奥匈帝国、奥斯曼帝国等组成"同盟国集团"。在这两个相互为敌的大国集团厮杀之时，俄国爆发了十月革命。从某种意义上讲，殖民和资本大国的错误定位既导致了一战，又为苏联社会主义大国的诞生创造了条件。此后，世界进入了战争与革命时代，大国的自我定位、相互定位和共同定位也具有了时代意义。

战争与革命时代的意义在一战后的大国博弈和社会主义运动、民族解放运动中继续深化。一方面，欧美大国的相互定位羁绊于历史恩怨和现实冲突之中，一战"战胜国"和"战败国"之间继续较量，英国、美国等守成大国和德国、日本等崛起大国对世界领导权的争夺到了无法妥协的地步，最终再次引发了世界大战。另一方面，革命形势也日趋成熟。在 1929—1933 年的资本主义经济大萧条中，共产主义思想和共产主义运动以更快的速度和更大的规模在全世界传播。在第二次世界大战（简称"二战"）后的革命运动中，社会主义运动和民族独立运动达到了历史高潮，大国围绕美苏两极进行自我定位和相互定位，形成了冷战时期的两大对峙集团。

20 世纪下半叶，和平与发展的时代主题逐步形成和确立。在战争与和平问题上，大国之间实际上达成了避免世界大战或核战争的共识，共同管控有限战争并进行裁军谈判。在世界经济增长和科技进步的推动下，世界发展问题总体向好，发达国家的社会矛盾有所缓和，发展中国家经济也梯次增长。1978 年底开始的中国改革开放，既得益于和平与发展的时代主题，又在世界范围内对和平与发展作出了强有力推动。如果说欧美在战争与革命时代占据主导地位，那么发展中国家对世界和平与发展事业则作出了重大贡献。在当代，发展中大国在维护时代主题和解答时代命题中更是承担起了历史使命，为全球事务和国际关系提供了正能量和发展动力。

第二，马克思主义时代观的发展。时代观是对一定时期世界形势的总体概括和基本看法。马克思主义时代观源自马克思五种社会形态说的思想[1]，列宁根据一战的重大历史事件和十月革命的伟大实践，创造性地提出了"战争与革命"这一时代学说。在20世纪八九十年代，国际形势发生重大变化，中国继续改革开放、苏东剧变和冷战结束等相继发生。在这一时期，邓小平与时俱进地提出了"和平与发展"是时代主题和命题的论断。当前，世界不稳定和不确定因素急剧上升，习近平强调在世界百年巨变时"要坚持用马克思主义观察时代、解读时代、引领时代"[2]。

习近平外交思想是马克思主义中国化时代化在外交领域的集中体现，也是中国对当前和未来的时代问题和大国定位的指导和遵循。中国努力探索和回应世界从哪里来、在哪里和往哪里去的重大时代问题，在丰富的实践和艰苦的理论探索中不断向纵深发展。与此同时，习近平外交思想还指导着中国学界的专业研究，促进了全球事务和国际关系的学理研究，加强了国际政治、世界经济、国际战略等的学科建设，促进了学界对中国特色大国外交理论体系建设的学术贡献。

第三，共同创造和引领、主导。时代问题的实践和认识是全人类的共同事业，世界各国都为此努力实践并作出贡献。同时，在时代的过渡和交替时期，大国如果不能在经济社会基础和思想理论方面发挥建设性作用，将最终被历史所淘汰。

在国际社会的进化和突变中，经济增长、科技创新、政治发展和社会进步等推动了时代的更迭。由于历史局限，近现代以降的大多数时代主导者是少数西方大国。当今的时代具有极其重要的里程碑意义，发展中大国

---

[1] 马克思主义五种社会形态：原始社会、奴隶制社会、封建社会、资本主义社会和社会主义社会（共产主义社会）。

[2] 《习近平在纪念马克思诞辰200周年大会上的讲话》（2018年5月4日），载《人民日报》2018年5月5日第2版。

开始成为参与和开创的主体，这加强了新的时代基础和动力，体现了"世界的命运必须由各国人民共同掌握，世界上的事情应该由各国政府和人民共同商量来办"[1]的前进方向。历史一再证明，时代主导国的扩容或更替充满了艰难曲折，国际关系的公平正义不会从天而降，需要不断斗争和妥协、竞争和合作。发达大国承认发展中大国经济崛起是一回事，与后者分享政治经济权益又是另一回事。在两大群体内部，也存在不同的时代观及各自的战略和政策。美欧在东西和南北关系方面并非完全一致，有的发展中大国也是"身在曹营心在汉"，希望早日跻身美欧发达国家的行列。发展中大国群体的综合实力只有实现了与发达大国的基本平衡，才能与之共同主导当今时代和引导未来时代。因此，发展中大国在时代问题上，不可重走发达大国特别是霸权大国的老路，要坚持共同调整和创造，深化全球经济发展合作，超越传统政治思维定式，探索新的主流理论体系，建设互利共赢的体制机制。

二、 百年大国定位的启迪

第一次世界大战至今百余年的全球事务和国际关系揭示了时代与大国定位互动的基本规律，留下了有益的经验和惨痛的教训，展示了思想理论的进步和困惑，启示着当代和未来的形势变化和时代发展。

（一）大国定位和作用的时代特征

一战结束以来，国际社会的进步因素在斗争中壮大，国际力量对比逐步趋向相对平衡；世界各国互动不断向纵深发展，并几乎覆盖了所有的地域和领域；大国定位在实践中得到检验和辨别，并在实力、利益和道义等方面体现了时代的特征。

---

[1] 《习近平在和平共处五项原则发表 60 周年纪念大会上的讲话》（2014 年 6 月 28 日），载《人民日报》2014 年 6 月 29 日第 1 版。

第一，实力基础和实力透支。大国在综合实力方面总是强于一般国家，但过于信奉实力和实力透支也是许多大国衰败的重要原因。英国、美国、苏联等在不同时期都是称雄一时的全球大国，法国和德国在欧洲大陆以及日本在亚太都是地区强国。但物极必反，这些国家不能正确认识其有限的实力和无限的扩张之间的差距，最终受到历史的惩罚。中国自改革开放以来，一直坚持以经济建设为中心，持续和全面地增强了国家的综合实力。但是，中国在发展壮大的过程中，坚持"不称霸"和"走和平发展道路"，这是中国吸取历史经验教训而作出的选择，也是对世界的庄严承诺。

第二，国家利益的发展辨析。从本质上讲，20 世纪以来的西方大国延续了欧美在殖民和资本大国争斗时代的国家利益观，但在战略策略和方式方法上毕竟比以前有了很大的改变。美国是两次世界大战及冷战的胜利者，可以在自身主导下的全球利益中推进国家利益。欧洲大国对两次世界大战的惨痛教训进行了深刻反思，开始探索国家利益、地区利益和全球利益的相互促进。社会主义国家自诞生以来，在马克思主义的指导下，对国家利益进行了革命性的理论和实践探索。列宁主张国家利益和世界利益、爱国主义和国际主义的有机统一，但因其早逝而未能在苏联的内外政策中真正得到落实。中华人民共和国成立后，中国化的马克思主义是国家利益的根本指导和遵循，而习近平新时代中国特色社会主义思想则在国家利益上又有了新的理论和实践进步，倡导正确的义利观，丰富了当代国家利益的理论和实践。

第三，道义标准的比较竞争。经济科技的发展和政治社会的进步等推动了国家间关系的互动，也提高了对大国的道义标准和要求。美国总统威尔逊认为他提议参加的一战是一场"结束所有战争的战争"，中、美、苏、英等在第二次世界大战时共同高举反法西斯旗帜，中华人民共和国坚持和平共处五项原则，美国二战后的外交原则基本上是"领导、利益、安全、民主"，欧洲大国特别重视规范、规则和多边主义，印度则强调独立、自主、协商等原则，这些都说明了道义在国际关系中日益重要的地位。进入21 世纪以来，世界面临许多新的挑战，国际社会不仅要求大国应对和解答时代的命题，而且要求在思想理论上进行深入探索，并希望以此为契机树立国际关系新的道义和道德标准。

（二）发展中大国任重道远

发展中大国一般指二十国集团中的发展中国家，即中国、阿根廷、巴西、印度、印度尼西亚、墨西哥、沙特阿拉伯、南非、土耳其等。它们大多为二战后新独立和解放的国家，从 20 世纪 50 年代起在国际舞台上崭露头角。这些国家在政治独立、经济发展和社会进步的进程中，先后开创了亚非会议、不结盟运动、七十七国集团、第三世界等集体合作运动，逐步形成了发展中大国群体性崛起的势头。发展中大国的群体性崛起是当代国际关系中意义最为深远的变化之一，这一群体推动东西和南北力量逐步趋向平衡，促进公正合理的新型国际关系的建设。但是，发展中大国的强项主要是在经济增长方面，今后还需要增加在国际政治、安全、军事、科技等方面的实力和影响。发展中大国只有经过漫长曲折的过程和具备质变飞跃的条件，才能彻底纠正历史的不公正和创造更加美好的未来。发展中大国在定位问题上有共识也有分歧。它们总体上自我定位为具有全球影响的发展中大国，但它们的相互定位则呈现多样化的特点。中国强调发展中大国的经济和政治共性，印度、巴西、南非强调其民主政治共性，印度尼西亚、沙特阿拉伯、土耳其、阿根廷强调地区大国共性。更多的分歧在于它们同美国等发达国家的相互定位。中国把发展中大国视为一个整体，与美欧等发达国家和地区形成东西政治关系和南北经济关系。印度游走在发展中大国和欧美国家之间，旨在成为东西方和南北间的特殊一方。巴西、南非、沙特阿拉伯等国同美国或/和欧洲的大国保持较为密切的关系。显然，发展中大国需要缩小相互间的矛盾分歧，继续提高群体意识，夯实共同定位的基础并聚焦共同的奋斗目标。

（三）丰富和发展思想理论

伟大的时代需要并呼唤与其相适应的思想理论，国际社会在战争与革命、和平与发展的时代进行了艰苦的探索，并取得了一定的积极成果。第一，发扬光大历史进步思想。国际社会尽管还存在许多过时甚至反动的主导思想理论，但越来越多的大国在反对霸权主义与维护世界和平中吸取了经验教训，总结出更加符合历史潮流的思想理论，并以此指导全球事务和国际关系。例如，一战后《国际联盟盟约》中的合理思想部分，二战后法德联手推进欧洲一体化进程，法国戴高乐总统反对美国霸权主义的思想，以及铁托、纳赛尔和尼赫鲁提倡的不结盟思想等。因此，"纵观近代以来的历史，建立公正合理的国际秩序是人类孜孜以求的目标。从 360 多年前《威斯特伐利亚和约》确立的平等和主权原则，到 150 多年前《日内瓦公约》确立的国际人道主义精神；从 70 多年前《联合国宪章》明确的四大宗旨和七项原则，到 60 多年前万隆会议倡导的和平共处五项原则，国际关系演变积累了一系列公认的原则"。[1]此外，一些大国还在经济、安全、文化、社会、生态、卫生等方面形成共识，进行了全球化时代的思想理论建设。

第二，发展社会主义的大国理论。马克思主义在苏联和中国等的实践中，创建和发展了社会主义的大国理论。与资本主义强调弱肉强食和丛林法则的大国理论不同，社会主义的大国理论强调公平正义与合作共赢。列宁发展了马克思主义，提出了关于帝国主义与战争、世界革命、和平共处等一系列国际关系理论。毛泽东和邓小平在推进马克思主义中国化和时代化的同时，对国际关系和大国作用等也有创造性的发展。毛泽东的大小国家一律平等思想和周恩来力推的求同存异思想闪耀着时代的光芒，体现了理论的指南作用。邓小平提出和平与发展的主题和命题思想、国际新秩序的原则等，深刻地揭示了大国定位和时代特征的相互关系，对现实和未来的国际关系都具有重要指导意义。

第三，中小国家的实践和理论贡献。在现代和当代全球事务和国际关

---

[1] 《习近平主席在联合国日内瓦总部的演讲》（2017 年 1 月 18 日），载《人民日报》2017 年 1 月 20 日第 2 版。

系中，虽然大国起着决定性的作用，但中小国家的作用也在日益提高。例如，西方的中小国家在地区主义、南北对话、国际维和、气候变化等方面进行了实践和理论探索。又如，非西方的中小国家在维护国家政治独立、加快经济增长、推进社会进步和建立国际政治经济新秩序等方面作出了不少贡献。再如，西方和非西方的中小国家共同在多边主义、全球治理、非传统安全挑战方面进行了有益的实践和理论探索。

（四）大国领导人的特殊作用

大国领导人因其特殊的地位和作用在国家定位方面更加需要认清客观形势并作出正确决策。纵观世界百年风云，不难发现条件基本相同的大国往往会因不同的领导人而产生不同的结局。第一，大国领导人在本国、本地区和世界的战争与和平问题上负有特别的责任。一战总体上虽是非正义性质的[1]，但法国总理克里孟梭、英国首相劳合·乔治和美国总统威尔逊等战胜国领导人为战后成立国际联盟所进行的努力也不应被全盘否定。二战期间，英国首相丘吉尔、苏联领袖斯大林、美国总统罗斯福等领导同盟国集团战胜了法西斯轴心国集团，并推动成立了联合国，为世界和平事业作出了特殊的贡献。冷战时期，美苏两国领导人在局部战争和代理人战争方面有过许多不光彩的纪录，但是对世界大战和核大战有所顾忌而不敢肆意妄为，客观上避免了世界范围内的大规模战争。后冷战时期，美国总统布什父子的作用正好相反。老布什总统在海湾战争中获得联合国的支持，并见好就收；小布什总统信奉先发制人战略，把联合国抛在一边，一意孤行地发动伊拉克战争，从此使美国开始失去单一超级大国独霸的地位，转入下滑进程。

第二，大国领导人较以前更加重视经济与发展。20世纪上半叶，欧洲大国领导人专注于战争和战时经济，很少顾及整体经济与发展问题，但美国还是设计和推行了二战后的世界经济安排。二战结束后，和平与发展逐

---

[1]《列宁选集（第二卷）》，北京：人民出版社1995年版，第403—404页。

步成为时代主题。一方面，美欧和苏东相继实现了战后的经济恢复和转型，世界经济进入较长的增长期。另一方面，美国和苏联的对外扩张和战争又拖累其经济，美国困于越南战争，苏联陷入阿富汗战争。冷战结束后，大国又从综合国力竞争的高度看待经济和发展问题，加大了经济结构升级和科技革命的力度，并重视福利、医保和社会稳定问题。美国的"里根经济学"和克林顿的知识经济推动了美国的经济发展，印度在瓦杰帕伊、辛格和莫迪等总理的领导下经济进入世界前列。普京总统努力改善俄罗斯的经济窘境并倡导了欧亚经济联盟等地区合作机制。此外，大国领导人对可持续发展、生态环境和公共卫生等也更加重视，并取得了一些阶段性成果，增强了国际社会的全球合作意识。

第三，大国领导人还通过双边和多边会议推进国际议程。随着全球事务的需求增长和国际交通的便捷化，大国领导人的国际会晤和会议频度变密、作用加强，成为全球事务和国际关系重要的机制。两次世界大战战胜国领导人的系列会议为战后安排奠定了基础。西方七国集团首脑会议在世界经济和国际事务中也有机制性的创造。冷战结束后，全球性和地区性领导人会议成为国际机制的重要组成部分。对发展中大国来说，领导人会议使它们得以在国际重大议题上有了机制性平台，如亚太经济合作组织领导人非正式会议、金砖国家峰会、二十国集团峰会等。而且，发展中大国领导人还可利用主场外交的优势，争取更多的规制权和话语权，并在世界舞台上展现其风采。

三、 未来三十年发展和中国的历史重任

展望未来三十年，即中华人民共和国百年华诞之际，世界在沿着和平、发展、合作、共赢的时代潮流继续前进的同时，还将面临许多可预测和不可预测的困难和挑战。而且，国际社会或许正在开启又一个新时代，需要世界各国进行正确定位，共同准备和迎接新时代的到来。

（一）努力创建更加美好的新时代

从世界的长周期趋势、阶段性变化、结构性调整和各国人民的意愿和追求等来看，大国在未来三十年的历史使命将更加伟大和艰巨，需要担当新的时代塑造者和建设者的重任。

第一，大国要努力维护来之不易的时代主题。当今和平与发展的时代主题是二战结束以来世界各国共同努力的结果。在政治安全方面，国际社会建立了以联合国为核心的国际和平机制，确立了基于《联合国宪章》的国际行为准则和国际关系原则。在经济和社会发展方面，国际社会以科技革命为动力，不断优化世界经济结构并推动经济增长，基本实现了联合国千年发展目标。当代和平、发展、合作、共赢的时代潮流更加强劲，世界各国谋和平、求发展、促合作的愿望愈发强烈。为此，大国和整个国际社会要努力维护世界和平与稳定，特别珍惜综合发展成果，充分利用现有的全球治理机制和国际体系，在联合国和世界贸易组织等现有框架下应对战争与贫困等挑战。

第二，大国要积极解答时代命题。世界形势正在并将继续发生深刻的变化，国际社会面临的普遍性挑战包括但不限于：全球与地区的和平稳定、经济增长和社会公平、全球治理的任务和能力、国家利益和国际利益、生产发展和环境保护、数字革命和网络主权、科技创新和伦理道德、公共卫生和疾病防控等之间的挑战和平衡。为此，习近平主席强调指出："和平与发展是当今时代的主题，也是时代的命题，需要国际社会以团结、智慧、勇气，扛起历史责任，解答时代命题，展现时代担当。"[1]大国的自我认识要与世界变化同步前进，更要从时代和全局的高度高瞻远瞩和未雨绸缪。在此基础上，大国还要改善现有的国际和地区机制，完善亚洲基础设施投资银行和金砖国家新开发银行等新机制，补齐诸如国际安全、新公域治理等方面的短板。

---

[1] 习近平：《携手共命运　同心促发展——在 2018 年中非合作论坛北京峰会开幕式上的主旨讲话》（2018 年 9 月 3 日），载《人民日报》2018 年 9 月 4 日第 2 版。

第三，大国要前瞻、主动地塑造时代。历史不会因为困难而停止前进的步伐，时代必将根据形势发展而变化。塑造新时代的基础是使经济和科技发展实现新的飞跃，以更加丰富和坚实的物质基础，回应世界各国人民对美好生活的追求。塑造新时代要有先进、前沿的思想理论，代表新兴和进步力量的发展中大国需要主动承担起与新时代相适应的思想理论建设任务。塑造新时代还要有新制度的保障，其中最主要的是在建章立制中充分体现国际力量对比的变化。大国还要加强东西和南北的沟通、对话和协调，努力避免出现两相对立的机制，从而更加有效地回答乃至解决时代的命题。诚然，进行新时代的物质、理论和制度建设的道路不会一帆风顺，国际社会对此要有足够的物质和思想准备，把当前的努力和未来的方向有机结合起来。

（二）大国定位的推陈出新

国际社会特别是大国在国际形势百年巨变前期以及迎接时代演变的关键时刻，亟须重新审视历史经验教训，科学地前瞻未来三十年及更远的目标任务，进行符合世情和国情的国家再定位。纵观近代、现代和当代的历史，大国定位正确与否导致兴衰的例子俯拾皆是。欧洲大国在资本主义上升时期顺势而为，美国在欧陆混战时期自强为先，中国在和平发展时代坚持改革开放，如此等等，都成为大国正确定位实现兴盛的例证。相比之下，奥斯曼帝国、奥匈帝国、苏联等跨洲大国虽称雄一时，但终究分崩离析，葡萄牙、西班牙、英国和法国等前殖民帝国已成"明日黄花"，德国和日本自不量力地争夺世界霸主而惨遭失败，莫卧尔帝国、恺加王朝因不能与时俱进而被殖民化、半殖民化。时至今日，美国还沉迷于当"世界领袖"而对多极化和多边主义反其道而行之，其错误定位的结果不难想象。在全球化和信息化时期，大国的相互定位具有动态发展的特点。一方面，美国在全球事务中自诩代表自由民主，但多数国家认为其霸凌欺人，例如，美国是西方的领袖，但德国、法国等国认为其导致了"西方的缺失"。[1]另一方面,中国、美国、俄罗斯的大国相互定位也发生了重要变化,战略竞争性不断加强,一些地区大国因此而调整了相应的国家定位。在当代大国中,发达大国的相互定位虽有变化但相对稳定,发展中大国的相互定位变数较多。"新兴市场国家和发展中国家本身存在着政治多元化和发展模式多样化的现实差异,今后很长时间内将无法形成具有政治凝聚力和战略互信的政治集团。"[2]大国在建设基于相互尊重、公平正义、合作共赢的新型国际关系中处于关键地位,大国之间如果不能在最为重要的全球事务和国际关系中达成基本共识,即共同定位,则会陷入经常性的纷争而破坏世界的和平与发展。当前最大的阻力来自美国,特朗普政府的"美国优先"和"退群"等已经对国际合作造成了巨大的损害和破坏。

(三)中国的历史重任和战略规划

未来三十年,中国在实现第二个百年奋斗目标和建设社会主义现代化强国进程中,需进行更加前瞻和可行的国家定位,在对外关系上辅以相应战略规划,同世界各国特别是全球大国和地区大国进行更加紧密的建设性互动。

第一,自我发展和共同发展。发展是硬道理,发展也是解决许多重大问题的关键之所在。因此,国家定位的基础依然是本国的综合国力,首先还是要把自己的事情办好。中国作为日益强大和走近世界舞台中央的大国,在自我发展的基础上,还要加大与世界各国共同发展的力度。

习近平总书记在党的十九大报告中指出:"综合分析国际国内形势和我国发展条件,从 2020 年到本世纪中叶可以分两个阶段来安排。第一个阶段,从 2020 年到 2035 年,在全面建成小康社会的基础上,再奋斗 15 年,基本实现社会主义现代化。第二个阶段,从 2035 年到本世纪中叶,在基本

---

[1] *Munich Security Report 2020*:*Westlessness*,p.5,https://securityconference.org/en/publications/munich-security-report/.

[2] 朱锋:《国际秩序与中美战略竞争》,载《亚太安全与海洋研究》2020 年第 2 期,第 28 页。

实现现代化的基础上，再奋斗 15 年，把我国建成富强民主文明和谐美丽的社会主义现代化强国。"中国的国家定位需要根据以上战略决策和战略方向，加强实践努力和自觉，完善战略筹划部署，重视外交理论总结和指导，推进治理能力的现代化，制定科学、持续、可行的规划，推进学术、学理、学科建设，打造中国特色大国外交的新局面。

中国的自我发展是中国对外关系的基础，中国发展强大了，才能对世界作出更大的贡献。同理，世界和平发展了，中国才能更好地实现中华民族的伟大复兴。因此，中国还要加大和国际社会共同发展的努力和担当。中国的五位一体发展（经济建设、政治建设、文化建设、社会建设、生态文明建设）和五大发展理念（创新、协调、绿色、开放、共享）要同国际社会的绝大多数成员形成共鸣、共识，共同推进世界的发展事业。

第二，稳定和发展大国关系。中国是生机勃勃的发展中大国，代表着历史发展的方向和人类的进步事业。历史使命要求中国继续坚持"大国是关键"的战略思维，坚持合作共赢的双边关系、区域领域的合作、多边主义和全球治理。中国在和平发展道路上，需要在现有基础上同各类大国进行更加稳定、广泛、深入的合作，也需要不断化解矛盾和避免冲突。能否妥善和有效地处理同各类大国的关系，将是对中国特色大国外交的重大考验。

中国未来需要更加重视自身的大国责任和义务，在全球事务和国际关系方面投入更多的资源。在物质资源方面，中国需要量力而行和尽力而为，但重点是后者，即要努力向世界提供更多物质性公共产品，在科技创新方面发挥更多的引领作用，在环境保护和公共卫生等方面更有担当。在政治外交资源方面，中国需要继续高举公平正义的旗帜，切实加强全球和地区多边合作机制，推进全球治理和国际秩序朝着更加公正合理的方向前进。在军事安全方面，中国要在本国强军的基础上，促进并发展地区和世界的安全合作机制，为解决重大热点问题作出更多的实质性贡献。在思想文化资源方面，中国需要继续推进自身文化的现代化建设，"把优秀传统文化中具有当代价值、世界意义的文化精髓提炼出来、展示出来"[1]，在国际交流中取长补短，推动形成国际社会共有的主流理论、思想、文化。

中国未来在处理大国关系时还需要增强解决问题的能力。首先要应对好中美关系的挑战，使分歧受控、难题有解、合作可期；还要深化与其他大国的战略伙伴关系，协调发展中大国和发达大国的多边战略关系，增强共同应对全球挑战的能力。和其他大国在讨论国际问题和解决热点问题时，中国需要特别重视中小国家的作用，倾听它们的意见并尊重它们的利益，使其真正成为共同创造历史和推动时代进步不可或缺的力量。

第三，发挥亚洲主要大国的建设性作用。中国是亚洲第一大国，中国的国家定位与亚洲密切相关。2013年10月，习近平总书记在周边外交工作座谈会上强调，做好周边外交工作是实现"两个一百年"奋斗目标、实现中华民族伟大复兴的中国梦的需要，要更加奋发有为地推进周边外交，为我国发展争取良好的周边环境，使我国发展更多惠及周边国家，实现共同发展。[2]中国要继续巩固与亚洲国家的双边关系，在维护国家利益的基础上缓和或解决领土和领海争端，补齐地区安全和军事合作的短板，推进大国在周边的良性互动，维护周边和世界的和平与稳定。此外，中国还要在思想理念上继续发挥引领作用，进一步深化"亲诚惠容"周边外交理念，发展"睦邻、富邻、安邻"周边外交政策，提高中国和亚洲价值观在世界主流价值观中的存在感和作用，落实"一带一路"倡议。在此基础上，中国要与亚洲各国共同建设亚洲命运共同体，进而推进人类命运共同体的建设。

第四，巩固和深化同发展中国家的关系。加强中国同发展中国家的关系具有深远的意义，中国要对这一关系赋予新特点，作出新贡献，从而实现东西方和南北方力量的相对和综合平衡，推动全球治理和国际秩序朝着更加公正合理的方向继续前进。

---

[1] 《习近平在全国宣传思想工作会议上的讲话》，载《人民日报》2018年8月23日第1版。
[2] 《习近平谈治国理政》，北京：外文出版社2014年版，第296页。

中国同发展中国家的双边关系要强化战略协调机制，提升经济合作层次，拓展军事安全合作范围，进行联合科技研发，深化文化教育交流等。中国同发展中国家的多边合作具有强大的生命力和长期的影响力，是中国外交未来重点发展的方向。中国在提高自身国际地位的基础上，要增加发展中国家在全球治理和国际体系中的代表性和话语权。中国同发展中国家的双边和多边关系都要增加人民的获得感和幸福感，进一步夯实各自的国内支持。

随着时代的进步和形势的发展，中国同发展中国家还要在治国理政、经济增长、科技进步、可持续发展、社会公正、文化多样、生态保护、全球治理观、国家责任感等方面进行理论更新和创新，努力建设与新时代相适应的思想理论体系，并提高其在全球的影响力和感召力。

四、结语

近代、现代和当代的全球事务和国际关系反复证明，大国的自我定位、相互定位和共同定位是影响国际关系和世界形势走势的重要因素之一。正确和准确的国家定位不仅要客观科学地认识国情和世情，还要充分考虑其他行为体的感受和反应。大国的自我定位、相互定位和共同定位如能基本一致，就有利于维护和促进世界的和平与稳定。反之，大国间的分歧和矛盾将会扩大和激化，势必加深国际对立和冲突，阻碍和破坏全球经济和社会发展。

大国在定位时不可刻舟求剑，而应动态调整。大国在看待和处置当前问题时不能背负沉重的历史包袱，而应淡化历史恩怨并加强现实合作。大国在定位时要超越当前事务和议程，不能因急功近利的政策举措而造成大国及整个国际社会的内斗内耗。大国在定位时还要有长远的战略目标，唯有把历史、现实和未来三者融为一体，才能制定和实现正确的国家定位。否则，就会把当代任务延宕至未来而使其"难产"，或是把未来任务超前至当前而使其"早产"，"难产"与"早产"都与国家正确定位背道而驰并导致破坏性后果。

当前，国际社会面临百年巨变的种种挑战，有些大国已经在调整国家的定位，为此提出新的理念、理论，筹划新的战略和制定新的政策，以期在未来的全球治理和国际体系/秩序中占据更加有利的地位。就发展中大国而言，它们仍需要提升群体综合实力，厚植群体性凝聚力和意识，完善各类各级合作机制，形成发展中大国自身以及与发达大国互动的共同定位，联合一切可以联合的力量迎接新的时代到来。

还需要指出的是，2019 年末开始蔓延的新冠疫情冲击着全球的经济、政治、外交、安全和社会等诸多领域，并正在影响着大国关系和国际格局。在人类的生命安全与健康这一最为重要的议题面前，国际社会必须团结一致共同抗疫。中国为此倡导加强国际合作抗疫，并把休戚与共的精神深入到大国关系和全球事务中去。二十国集团领导人应对新冠疫情特别峰会的声明，对外发出了团结应对疫情挑战和维护世界经济稳定的积极信号。当然，也有个别大国走不出树敌对抗的冷战思维，在如此严峻的时刻仍然一意孤行，但这毕竟是历史大潮中的回流和逆流。因此，从历史发展的观点看，当前的疫情及以后的传统和非传统安全还将继续检验世界各国特别是全球和地区大国的定位和作用。

为此，中国要在建设社会主义现代化强国的进程中，树立正确的历史观、时代观和角色观，以实践和理论的高度统一，不断推进中华民族的伟大复兴事业。同时，中国要在习近平外交思想的指导下，继续动态调整国家定位和全球战略，大力改善和发展内外环境，努力开创中国特色大国外交的新局面，丰富和发展中国特色大国外交的理论和实践，不断推进新型国际关系和人类命运共同体建设。

中俄美欧战略互动特点和发展趋势[*]

一、引言

当前，世界政治经济安全形势正在发生深刻变化，国际主要力量不断调整自我定位和他者定位，争取在当前国际关系和世界事务中的有利地位和赢得未来世界秩序与全球治理的先机。其中，"美俄欧中是世界上四大主要力量，其互动关系将在很大程度上决定世界的未来"[1]。"中俄美欧四方构成的全球秩序的锥体结构，决定了世界秩序的性质，也决定了这一锥体的容量，世界既不是平的，也不是圆的，而是一个容量可变的锥体。"[2]显而易见，中俄美欧四方关系变化已经成为百年变局的重要组成部分，需要对其进行整体建构性研究和分体解构性分析。

冷战结束以来，中俄美欧四方战略关系总体相对稳定，但又因内外环境变化而发生动态调整，特别是议题性的排列组合增加了某些具有质变因子的量变。中俄既是全面战略协作伙伴，也是美国认定的主要战略竞争者或主要威胁，但中俄仍在与美国斗争的同时争取可能的合作。美欧虽是长期的盟友，但对待中国和俄罗斯的基本立场又有很大的差别，反之亦然。例如，美国前国家安全委员会俄罗斯事务高级主管托马斯·格雷厄姆

---

[*] 原文载《俄罗斯研究》2021 年第 3 期，第 30—50 页。

[1] 张健：《美俄欧中互动：欧盟角色及其政策取向》，载《现代国际关系》2019 年第 2 期，第 10 页。
[2] 孙兴杰：《战略三角关系与中美欧俄的未来》，载《中国经营报》2019 年 6 月 3 日。

(Thomas Graham) 指出："即使是在（中俄）两国都持续受到美国压力的情况下，美国决策者也怀疑中俄战略合作的持久性。"[1]俄罗斯外交与国防政策委员会主席团名誉主席谢尔盖·卡拉加诺夫（Sergey Karaganov）也坦言："出于对主权的神圣渴望，俄罗斯无法接受任何对外部中心的依赖，不会成为他国的'小兄弟'……俄罗斯可扮演中美两个潜在霸主的平衡力量并成为'新不结盟运动'的保障。"[2]又如，中国学者关贵海认为："中国不能也不应该指望俄罗斯会彻底站在中国一边与美国对抗，不必过于担忧会形成所谓'基辛格三角'，即美俄联手遏制中国的局面。"[3]

特朗普败选和拜登上台，正在深化四方的互动关系。美国正在进行重新战略思考和部署。这为四方根据世情国情变化而重新调整其相互关系并制定指导性的新战略提供了契机。如果美国能够在错误失败中吸取教训，如果国际社会能够在变局中开创新局，那么世界就能够超越陈旧思维的束缚，拒绝集团对抗的老路，形成共同议题的合作，走出相互尊重、合作共赢的新路。但是，战略上的弃旧迎新并不总能符合人们良好和理性的期待，四方和国际社会能否顺应历史潮流而有所作为，还存在很大的不确定性和很多的困难。

深刻理解和把握四方关系的本质，才能提高实践和理论自觉，超越过去和建构未来。当前国际上关于四方关系的研究仍然存在明显不足，注意力往往受制于集团政治和对抗战略的习惯思维和已有路径，对于（多对）双边关系的讨论要远远多于三边或四边关系，而且对于中俄美欧四方关系的现状和前景研究，大多缺少战略和政策的备选方案。

有鉴于此，中国的战略思维和整体论等特长，能够对此进行弥补。为了把握四方关系的实质和规律，为了研究其对当前和未来的国际关系、国

---

[1] ［美］托马斯·格雷厄姆：《中美俄关系与"战略三角"》，载《俄罗斯东欧中亚研究》2020 年第 6 期，第 22 页。

[2] Сергей Караганов. Будущее Большого Треугольника// Россия в глобальной политике. 18 июня 2020 г. https://globalaffairs.ru/articles/budushhee-bolshogo-treugolnika/.

[3] 关贵海：《中国该如何在变化的中美俄三角关系中自处》，载《世界知识》2020 年第 12 期，第 24 页。

际格局、世界秩序和全球治理的重要影响，为了世界的和平发展、合作共赢，我们需要在新形势下深入研究四方关系的发展轨迹，比较它们的理论框架和战略思维，探索历史发展的规律，并尽量做到顺势而为与主动塑造并举。

二、 中俄美欧内外环境的变化

中俄美欧既是内外环境的产物，也是其塑造者。四方面临冷战结束以来最为重大的环境变化和最为复杂的相互关系的挑战，对此需要进行客观和深刻的认识。

（一）国际多极化进程的新发展

国际社会进入 21 世纪以来，东升西降和南上北下的态势时高时低，但总体上已经成为不可阻挡和不可逆转的时代潮流。

1. 世界主要力量对比逐步朝着相对平衡的方向发展。

在经济上，新兴经济体和西方七国集团的力量平衡格局进一步向新兴经济体倾斜。根据世界银行公布的 GDP 数据，2000—2019 年期间，西方七国集团 GDP 总量从 21.989 2 万亿美元上升至 39.660 7 万亿美元。同期，金砖五国 GDP 总量从 2.731 2 万亿美元上升至 21.039 9 万亿美元，占七国集团 GDP 比重从 12.42% 上升至 53.05%。[1] 新兴经济体与发达国家力量对比，一方面表现为两组经济体之间的经济实力相对变化，另一方面表现为大国经济体之间力量对比的结构性变化，尤以中国与美欧之间的相对经济实力变化为典型。若考虑到疫情对世界经济的非对称冲击，在 2020 年美欧经济出现大幅负增长背景下，中国对美国的 GDP 总量占比从 2019 年的 66.62% 增长至 2020 年的 70.74%。[2] 同时，自英国退出欧盟后，其 GDP 已不再纳入欧盟统计构成，2020 年中国和欧盟 GDP 水平已十分接近，2021

---

[1] 参考世界银行 GDP 数据库，https://data.worldbank.org.cn/indicator/NY.GDP.MKTP.CD。
[2] 2020 年以美元计价的中美欧 GDP 数据参考 Statista 网站，美国 GDP 为 20.81 万亿美元，中国为 14.72 万亿美元，欧盟为 14.93 万亿美元。

年中国 GDP 超过欧盟将成为大概率事件。

在政治上，美国二十年来经历了从唯一超级大国到重新回归正常世界地位的历史性转折时期。欧盟虽然继续留在美西方阵营，但明确提出"战略自主"，推动欧盟战略自主的讨论，从安全和防务政策扩展到更广泛意义上的外交政策自主，还增加了寻求独立于美国外交与安全政策的目标。[1]欧盟成为美国跨越红线时的"抗衡性力量"[2]，在维护跨大西洋关系的同时也约束着美国。[3]以中国为代表的发展中大国的政治地位和影响则不断上升。有观点提出，根植于制度和规范力量的自由世界秩序已经结束，曾经被视为具有普遍意义的社会和政治标准模范将不复存在。[4]

在军事和科技实力上，世界排名正在发生历史性的变化。美国网站"全球火力"（Global Fire Power）发布的全球军事力量排行榜显示，2020 年世界军事排名前十位的国家依次是美国、俄罗斯、中国、印度、法国、日本、韩国、英国、土耳其、德国。在科技方面，中国随着经济的高速发展，科技方面的实力也在快速提升，俄罗斯同样具有独特的科技优势，美国在自信不足时试图以脱钩和集团对抗挽救其科技优势和领先地位。

2. 世界战略格局的重大变化。

在世界范围内，中国的积极作用和美国的负面作用恰成鲜明对比。疫情挑战了美国例外论的叙事，危机充当了"历史的加速器，加快了美国和欧洲影响力的衰落"。[5]为此，美国正在试图以中俄威胁为由巩固其战略阵

---

[1] 金玲：《"主权欧洲"：欧盟向"硬实力"转型?》，载《国际问题研究》2020 年第 1 期，第 78 页。

[2] Moritz Luetgerath, "Why the Vision of European Strategic Autonomy Remains a Mirage", *World Economic Forum*, March 30, 2019, https://www.weforum.org/agenda/2019/03/why-the-vision-of-european-strategic-autonomy-remains-a-mirage/.

[3] Sven Biscop, "The EU and Multilateralism in an Age of Great Powers", Egmont, Royal Institute for International Relations, July 2, 2018, http://www.egmontinstitute.be/content/uploads/2018/07/The-EU-and-Mulitlateralism-in-an-age-of-greatpowers-Sven_Biscop.pdf.

[4] Fyodor A. Lukyanov, "The 'Liberal World Order' Is Dead, But Fallout from Ill-Fated Visit of EU's Borrell to Moscow Proves Much of West Still in Denialv", *Russia in Global Affairs*, Feb. 10, 2021, https://eng.globalaffairs.ru/articles/liberal-order-is-dead/.

[5] Katrin Bennhold, "'Sadness' and Disbelief from a World Missing American Leadership", *New York Times*, April 23, 2020.

营和阵脚。在地区安全格局方面，北约欧盟双东扩的势头趋缓，俄罗斯的局部反击取得一定效果；美国拼凑美日印澳"四国集团"在印度-太平洋地区对中国进行战略遏制的企图难以奏效。

3. 国际议程设置的方向性选择。

尽管世界形势和国际力量对比都发生了重大变化，但激进化的自由主义国际秩序在其与外部力量和内部替代者的互动中设置了僵化的意识形态框架。[1]因此，美欧摆脱不了"西方中心"和"结盟寻敌"的陈旧思想，把"西方优势""西式制度"和"美欧意识形态"置于国际议程的前位而成为合作共赢和民生福祉的阻力。相反，中国顺应了和平、发展、合作、共赢的时代潮流，通过"一带一路"平台实现国际共商共建共享，积极落实联合国《2030 年可持续发展议程》，努力推动国际合作抗击新冠疫情，在很大程度上代表了国际议程设置的发展方向。

（二）多重叠加难题的新挑战

当前的世界多极化、经济全球化、社会信息化和科技安全化等，导致全球事务和国际关系中的难题层出不穷和交织叠加，使中俄美欧的战略互动面对变化不定、非常复杂、日趋严峻的挑战。

1. 国内经济政治发展议程的挑战。

在 21 世纪第三个十年开始的时候，中俄美欧都有着各自但又同样艰巨的内部发展议程。中国在完成第一个百年奋斗目标后，开始了第二个百年奋斗目标的新征程，需要在三十年的时间里实现社会主义现代化强国的建设任务，其难度可想而知。俄罗斯需要在延续现有的政治架构下完成经济的升级换代，较大幅度地增加经济总量和提升在世界经济中的排位，成为军事、政治、经济较为平衡的综合性大国。美国面对许多国内难题：一是尽早控制新冠疫情并使社会恢复正常运转；二是努力缩小内部政治对立和

---

[1] Philip Cunliffe, *The New Twenty Years' Crisis*：*A Critique of International Relations*，*1999—2019*，London：McGill-Queen's University Press, 2020.

弥合政治分裂的创伤；三是加快经济恢复的速度和质量，加快高新科技的发展。美国的很多国内问题由来已久且积重难返，可谓任重道远。欧洲（欧盟）面临的问题既有西方世界的普遍性，如选举政治制度的约束和成熟经济的动力不足等，也有自身的特殊困难，即国家集团内部一体化步履维艰等。

2. 双边关系的症结加重。

中俄美欧四方关系又可分为多对双边关系，相互之间的一些难题和症结在新形势下正在变难和加深。美中矛盾最为重要和突出，守成大国和新兴大国的消长正在加速进行，双边关系软着陆的难度显著增加。美俄矛盾部分继承了美苏对抗，在新形势下持续开展军事安全竞赛。美对外战略始终围绕着俄罗斯这一"敌人"展开，其间尽管有合作、重启与蜜月期，但终究是短暂的昙花一现。[1]情绪化思维促使俄扩大与美对抗，甚至将与美全球霸权的斗争转变为外交和部分国内政策的指导思想，以曾经的美苏缓和、平等互利精神来考量美俄关系已然过时。[2]俄欧矛盾具有地缘战略和地缘经济的性质，过去三十年间逐步形成的俄欧关系正在发生根本性变化，双方近乎处于"断交"边缘。[3]欧洲大国逐渐认为，中俄亲密关系从侧面导致了中欧、俄欧关系恶化。[4]而中欧关系则面临东西方矛盾下的政治分歧等。

3. 四方难以形成共同的议题。

世纪交替之际，中俄美欧在共同应对国际恐怖主义、全球金融危机、气候变化、大规模杀伤性武器扩散等全球性挑战议题上具有一定的共识思

---

［1］刘军：《中俄美需建立大国良性互动》，载《环球时报》2021年3月20日第7版。

［2］Дмитрий Тренин. Без эмоций и иллюзий. Как России дальше вести дела с США// Московский Центр Карнеги. 19 марта 2021 г. https://carnegie.ru/commentary/84120.

［3］Тимофей Бордачёв. Какими будут отношения России и Европы? // Международный Дискуссионный Клуб Валдай. 12 марта 2021 г. https://ru.valdaiclub.com/a/highlights/kaki mi-budut-otnosheniya-rossii-i-evropy/.

［4］Александр Габуев. Остановить нельзя терпеть: Европа и российско-китайское сближение// Московский Центр Карнеги. 19 марта 2021 г. https://carnegie.ru/2021/03/19/ ru-pub-84128.

想和共同行动，但在反全球化和逆全球化、民粹主义、极端民族主义和保护主义等社会思潮的冲击下，特朗普"美国优先"口号风靡一时，搅乱了国际社会的思想共识。现在特朗普虽然下台了，但特朗普主义仍旧存在。而且，美欧增强了对中俄的战略警惕和战略施压，拜登政府已明确将中俄视为对手，希望以"双重遏制"战略应对中国在经济技术领域和俄罗斯在军事政治领域的挑战，重新确立美国的全球主导地位，包括继续巩固、扩大美国在亚洲及欧洲地区的联盟，提高对中俄经济和技术制裁的有效性，并利用民主、人权、民族问题和日渐抬头的民族主义向中俄施压。[1]四方共议全球大计的气氛和条件遭到极大的破坏，因而造成四方乃至全球难以在重大议题上达成共识，并进行共同和有效的应对，新冠疫情和伊朗核问题都是国际合作乏力的典型案例。

（三）四方机制的解构和重构

中俄美欧四方虽然没有专门的互动机制，但在不同程度上进行着重合或交叉的机制性互动。随着时代变迁和实力消长，有的试图维护现有的机制，有的起着解构性作用，有的则试图建构新的机制。

1. 维护现有的机制。

联合国安理会是中俄美欧最重要的互动机制。它们在维护现有"五常"体制上立场基本一致。但也因时因事因地而异，如美国克林顿政府和小布什政府分别在科索沃和伊拉克问题上绕过安理会，又如美俄英法都已公开支持印度"入常"。在俄罗斯看来，美欧虽强调"基于规则的国际秩序"，但这并不等同于严格遵循国际法，而国际法的行使权仍属于联合国及其相关机构。[2]在当

---

[1] Dmitri Trenin, "US' dual China, Russia Containment Won't Work; Governance Is Key, Not Ideology", *Global Times*, Mar.28, 2021, https://www.globaltimes.cn/page/202103/1219627.shtml.

[2] "Foreign Minister Sergey Lavrov's Remarks and Answers to Questions During the Online Session 'Russia and the Post-Covid World', Held as Part of the Primakov Readings International Forum", Moscow, July 10, 2020, https://www.mid.ru/en/foreign_policy/news/-/asset_publisher/cKNonkJE02Bw/content/id/4217691.

前形势下，中俄美欧很难在战略政治等问题上进行实质性的协商协调。此外，美欧俄也一度在"八国集团"框架下进行战略和政策沟通，然而这一机制因美欧对俄罗斯的制裁而遭到破坏。

2. 解构现有的机制。

四方在此问题上的具体战略和政策很不一样。美欧在冷战后维持了北约组织的存在，并不断实施东扩。在大国竞争加剧背景下，美欧具有强化大西洋关系的意愿。拜登政府上台后渲染与中俄的意识形态分歧，企图借此巩固与欧洲国家的同盟关系，开展针对中俄的施压和对抗。中俄强烈批评西方的军事盟国机制，反对以意识形态画线搞集团政治和搞针对特定国家的"小圈子"。中俄推动建立的上海合作组织，已经成为世界上幅员最广、人口最多的综合性区域合作组织，在欧亚地区和世界事务上发挥着越来越重要的作用。美欧对上海合作组织一直耿耿于怀，将其视为中俄在国际和地区事务上施加影响力的平台。[1]

3. 建构新的机制。

作为国际重要力量，中俄美欧在很多全球事务上具有共同利益。四方通过二十国集团在经济议题上开展合作。在安全领域，召开联合国"五常峰会"（P5）的倡议或为制定全球战略稳定的新原则以及提升安理会化解区域性冲突的能力提供重要动力。[2]2015年安理会常任理事国与德国（P5＋1）共同构建的伊核协议谈判模式也可成为重要的多方互动平台。在应对气候变化议题上，中美欧开展了实质性协调，促成了气候变化《巴黎协定》。在抗击新冠疫情上，中俄欧坚持多边主义，抵制了疫情"污名化"和民族主义。同时，四方在竞争性和对立面突出的问题上也在进行着新机制的构建。

[1] Will Green, Sierra Janik, "The Shanghai Cooperation Organization: A Testbed for Chinese Power Projection", U.S.-China Economic and Security Review Commission, November 12, 2020, https://www.uscc.gov/research/shanghai-cooperation-organization-testbed-chinese-power-projection.

[2] Andrey Kortunov, "Russia's Foreign Policy in 2021: Fourteen Practical Tasks", Russian International Affairs Council, December 21, 2020, https://russiancouncil.ru/en/analytics-and-comments/analytics/russia-s-foreign-policy-in-2021-fourteen-practical-tasks/?sphrase_id=75611820.

例如，上海合作组织和金砖国家加强政策协调和机制建设，共同应对美国的霸权主义压力。[1]美欧则试图组建所谓的"民主十国"等机制加强西方国家的联盟。

三、 中俄美欧四方战略互动的时代特点

中俄美欧作为大国或国家集团，自然具有其相互关系的一般属性，诸如地缘战略博弈和国际主导权争夺等，然而四方又是百年未有之大变局的重要行为体，它们在时代的主题和命题上的互动具有重大而又深刻的战略意义。

（一）围绕发展主题和命题的战略互动的时代意义

发展问题在当代世界各国综合国力的竞争与合作中的重要性不断上升。中俄美欧需要在三大发展问题上有所突破和贡献。

第一，经济关系的公平性严重不足。一是国内经济差距和鸿沟持续扩大。联合国经济和社会事务部发布的《2020 年世界社会报告》强调，无论发展中国家还是发达国家，不平等水平都处于历史性高位，超过三分之二的世界人口生活在不平等加剧的国家。严重的不平等侵蚀了人们对政府的信任，制约了经济社会发展，阻碍了联合国可持续发展议程的落实。[2]二是国际经济活动和经济制度的不公平性问题突出。以美国为代表的发达国家长期主导着国际经济秩序，发展中国家长期处于边缘地位，合法利益难以得到维护。美国力图垄断世界经济的规制权、话语权和否决权，特朗普政府利用这一优势地位大肆推行单边主义和保护主义。三是世界经济成果的占有和分配的不公平性有增无减，少数国家和少数人口拥有大多数资源。

---

［1］ Oliver Stuenkel, *The BRICS and the Future of Global Order*, London and Lanham, MD：Lexington Books, 2015；Oliver Stuenkel, *Post-Western World：How Emerging Powers Are Remaking Global Order*, Cambridge：Polity, Press, 2016.

［2］ "World Social Report 2020", United Nations Department of Economic and Social Affairs, January 21, 2020, https://www.un.org/zh/desa/world-social-report-2020.

由于不合理的国际经济秩序及国家治理缺陷，富者愈富、贫者愈贫现象突出，经济成果在发达国家与发展中国家之间以及国家内部不同群体之间的分配差距越拉越大。这些都激起了国际社会对新型全球化和全球经济治理体系改革的呼声。

第二，经济增长和生态环保的失衡严重。现代工业革命给世界带来了繁荣，但也造成了资源约束趋紧、环境污染严重、生态系统退化等问题，严重威胁着人类的生存和发展。气候变化的挑战进一步表明，人类以牺牲自然为代价的发展已达极限。为此，走生态环境保护与经济增长相结合的绿色发展之路，成为世界各国的必然选择。各国均需要建立新的发展观，既致力于保护自然资源及其多样性，又致力于改善人类生活的环境。2013年以来，中国加大生态文明建设力度，提出"绿水青山就是金山银山"的发展理念。绿色发展应当成为全球发展的共识。

第三，超越经济增长的全面发展。经济增长与经济发展之间的关系如下：经济增长和经济发展虽然都追求个人所得和国民生产总值的提高，但经济增长关心的重点是物质方面的进步、生活水准的提高；而经济发展不仅关心国民生产总值的增长，更关心结构的改变，以及社会制度、经济制度、价值判断、意识形态的变革。因此，中俄美欧都需要为联合国《2030年可持续发展议程》作出贡献。

第四，科技发展的政治安全因素干扰严重。科技是第一生产力，但美欧近些年来在科技优势下降和中国赶超势头日盛的背景下，无限扩大科技的政治化和安全化，并以此打造美欧和中俄对立的科技阵营。如此的发展趋势正在影响到人工智能、网络数字、生物工程乃至合作抗疫的公共卫生领域。科技民族主义的蔓延将阻碍国家间正常的科技合作、人文交流，减缓科技全球化步伐，弱化科技领域全球治理的有效性。发展中国家由于缺乏构建完整产业链和基础创新体系能力，尤其处于不利境地。[1]

---

[1] 李峥：《全球新一轮技术民族主义及其影响》，载《现代国际关系》2021年第3期，第37—39页。

（二）时代安全的问题

在新时期，和平不仅与战争相对应而存在，而且还与安全问题紧密相关。中俄美欧在世界的和平、稳定与安全问题上新的认同和差异主要表现在以下三个方面。

第一，维护和平的机制。在全球层面上，中国、俄罗斯和欧洲大国都认为需要发挥联合国的作用，如安理会的合法作用、维和的作用等。中国正将维护联合国独立地位和全球化进程的公平正义作为捍卫国际体系的具体方式。[1]在地区层面上，中国和俄罗斯重视上海合作组织和亚洲相互协作与信任措施会议的作用，美欧重视北约的作用，美国近年来还推出了美日印澳"四方安全对话"等机制。在双边层面上，中俄和中美分别开展战略对话。由此可见，四方在和平机制上有同有异，但往往异多同少。

第二，裁军军控机制。中俄美欧，特别是美俄之间达成了一系列多层次的军备控制机制，然而很多机制正面临多重挑战和变动。一是正式的裁军和军控条约存在较大不确定性。例如，奥巴马任期内，美俄就进一步削减核武器达成《新削减战略武器条约》，然而特朗普政府则拒绝无条件延长这一条约，还退出了冷战时期美苏达成的《中导条约》以及多边的《开放天空条约》等。尽管拜登政府的军控政策与特朗普有较大区别，但其前景仍存在不确定性。二是核不扩散和军控特别机制遭到破坏。如伊朗核协议、朝核六方会谈及奥巴马任期内召开的全球"核安全峰会"等。特朗普政府时期，美国不仅退出伊核协议，而且大量拨款进行核武器研发部署，发展所谓可以威慑常规战争的"低当量"核弹头，部署打破战略稳定的导弹防御系统等，使国际军控裁军形势进一步恶化。[2]三是新设机制前景仍不明朗。例如在太空安全领域，特朗普政府反对限制太空军备的国际条约，拒绝

---

［1］ Lee Hsien Loong, "The Endangered Asian Century: America, China, and the Perils of Confrontation", *Foreign Affairs*, July-August 2020, Vol.99, No.4, pp.52—64.

［2］ 姚云竹：《2021年国际军控裁军形式的发展趋势》，载《世界知识》2021年第1期，第72页。

联合国主导的太空透明与信任机制及不首先在太空部署武器等倡议。这种发展太空武器和组建太空军的做法，使国际社会阻止太空军备竞赛的努力遭遇巨大挫折。[1]对此，中国和俄罗斯则明确表示不与美国进行太空军备竞赛。

第三，热点问题应对机制。国际和地区热点问题是四方发挥大国作用的重要领域，也可成为维持四方总体关系稳定的重要抓手。例如，2002年4月以来，美国、欧盟、俄罗斯及联合国建立了中东问题四方会谈机制，尽管有关方面的分歧依然明显，但这一沟通机制也促成了一些共识，成为实现中东和平进程的有效机制。中俄在国际和地区热点问题上保持着密切沟通协调。中法、中德也积极推进在国际和地区问题上的经常性沟通，在联合国等框架内共同推动解决包括中东、非洲、朝鲜半岛及防扩散问题在内的热点问题。在美国对中俄实施围堵打压、"新冷战"氛围日渐浓厚的背景下，协调磋商机制建设的任务更加繁重。国务委员兼外交部部长王毅就指出："当今世界全球性问题层出不穷，传统安全与非传统安全挑战交织，几乎所有的国际和地区热点问题都离不开中美以及世界各国的协调应对。"[2]

（三）时代思想意识问题

国际关系的紧迫性和应急性往往会导致惯性和惰性甚至路径依赖。但是，新形势新变化呼唤着新思想新理论，四方在固守陈旧思维还是思想进步上存在很大的分歧。

1. 陈旧思维的束缚和局限。

一是传统的国家间政治基本理念和战略思维难以适应国际关系的发展方向。王毅指出："近年来，传统国际关系理论越来越难以解释今天的世界，崇尚实力、零和博弈等观点也越来越不符合时代前进的方向。"[3]二是

---

[1] 何奇松：《特朗普政府的外空军控政策分析》，载《太平洋学报》2020年第10期，第58—69页。

[2] 《王毅就当前中美关系接受新华社专访》，外交部网站，2020年8月5日，https://www.fmprc.gov.cn/web/wjbzhd/t1804247.shtml。

[3] 王毅：《深入学习贯彻习近平外交思想，不断开创中国特色大国外交新局面——在习近平外交思想研究中心成立仪式上的讲话》，2020年7月20日，https://www.fmprc.gov.cn/web/wjbzhd/t1798986.shtml。

冷战思维在新形势下变异为所谓"民主国家"与"专制国家"的对立。美欧还借助"民主"攻击中俄的政治制度，将新斗争界定为"威权主义"与"自由民主"国家之间的矛盾，为霸权对抗提供富有意识形态色彩的理由。[1]

2. 结盟结伴和旧轨老路的抉择。

四方在定位相互关系时具有明显不同的理念和方式。中国和俄罗斯根据内外形势的发展不断调整相互之间的关系，如先后确立了中俄战略协作伙伴关系（1996年）、中俄全面战略协作伙伴关系（2011年）和中俄新时代全面战略协作伙伴关系（2019年）。中国还努力逐步提升与欧盟的伙伴关系，如中欧建立面向21世纪的长期稳定的建设性伙伴关系（1998年）、中欧全面伙伴关系（2001年）和全面战略伙伴关系（2003年）。反观美欧，则继承了冷战以来的基本态度，还是继续寻找外部挑战或威胁，推行针对俄罗斯的欧盟和北约"双东扩"。有分析指出，自由国际秩序的军事扩张加深了俄罗斯与西方的疏离，虽然跨大西洋伙伴有充分理由辩称无意将俄罗斯排除在外，但是其中仍然"没有俄罗斯的位置"。[2]

3. 应急权宜和标本兼治的矛盾。

中俄美欧作为世界主要力量，不仅需要在思想认识上跟上时代前进的步伐，而且需要不断进行思想理论创新。然而，四方在国际关系思想理论方面的差异明显。中国倡导与时代进步相适应的体系观、义利观和发展观等。俄罗斯试图用"爱国主义"和"保守主义"填补全球思想的"真空"，完善其"大国主义"和"强硬外交"理论。[3]美国则依旧绕着"领导世界"和"美式民主"打转，欧洲也难以跳出传统国际关系理论的窠臼。四方的思想理论在未来一二十年里的差距可能还会扩大，至多在某些方面达成有限共识，思想理论的整合将是一个极其漫长的过程。

---

［1］ Samir Puri, "Today's Imperial Rivals", *The World Today*, June 1, 2020, https://www.chathamhouse.org/publications/twt/today-s-imperial-rivals.

［2］ William H. Hill, *No Place for Russia：European Security Institutions since 1989*, New York：Columbia University Press, 2018.

［3］ Караганов С, Суслов Д, и др. Защита мира, земли, свободы выбора для всех стран：новые идеи для внешней политики России// Доклад НИУ ВШЭ. Москва, 2020.

四、 中俄美欧四边战略关系的发展前景

中俄美欧的任何一方都不能单独主导当前和未来的国际关系和世界事务，但有可能在互动中实现更大的发展和获得更加主动的地位。在可预见的将来，全球事务和四方关系可能出现以下趋势。

（一）总体上以多极格局为主

当前国内国际对于世界力量对比的格局有多种预测，除多极格局外，还有新两极格局观和无极格局观等。

1. 政治上的多极格局观。

中俄欧的多极格局观具有连续性。例如，习近平主席强调："中国和欧洲是国际上两大重要力量，是世界多极化、经济全球化进程的重要参与者和塑造者，拥有广泛共同利益。"[1]又如，普京指出："俄罗斯和中国合作具有重要意义，是推动世界多极化的重要因素。"[2]再如，欧盟致力于成为多极化中的一极，有意识地保持对美战略独立性。法国总统马克龙在2020年慕尼黑安全会议上提出，欧美双方拥有不同的地理条件、社会政策和理念，欧洲需要通过自己的方式，拥有自己的政策，而不仅仅是跨大西洋政策。[3]但是，中俄欧对多极的阐述多有差异，欧洲和俄罗斯都抱有成为单独和自主一极的愿望。有俄罗斯学者提出，俄罗斯应推动不同于中美两极化趋势的进程。[4]还有学者认为，俄罗斯"背离西方"并不意味着自动

---

[1] 国家主席习近平2019年3月26日在巴黎同出席中法全球治理论坛闭幕式的法国总统马克龙、德国总理默克尔和欧盟委员会主席容克举行会晤。

[2] 《普京说俄中合作是推动世界多极化重要因素》，新华网，2019年12月20日，http://big5.xinhuanet.com/gate/big5/www.xinhuanet.com/2019-12/20/c_1125367088.htm.

[3] 金玲：《欧美关系重塑：构建从盟友到伙伴的新平衡》，载《国际问题研究》2021年第2期，第56—57页。

[4] Андрей Кортунов. О мудрой обезьяне, спускающейся с горы// РСМД. 4 мая 2020 г. https://russiancouncil.ru/analytics-and-comments/analytics/o-mudroy-obezyane-spuskayushcheysya-s-gory/.

"转向东方"，而可能成为世界政治中的"孤独者"，主要依靠自有资源追求自身利益。[1]此外，美国的单极观仍根深蒂固，不时会抬头挑战多极格局观。

2. 经济上以多重结合为主。

经济发展是国际格局演变的首要因素，中美仍是世界经济的主要动力，但中俄美欧经济关系的结合和分离则可能受到各种重大因素或事件的影响，而且还会发生相互间的重大影响，如特朗普时期中美经济关系对世界生产链、供应链和价值链等方面的巨大影响。因此，四方经济力量对比将呈复合式组合，可能出现三个方阵：引领的是中美日益相对平衡的双重组合，居中的是进入英国脱欧整合期的欧盟，殿后的是经济弱化趋势严重的俄罗斯。此外，高新科技将迎来新的重大突破，中俄美欧四方竞争的烈度、广度和深度都会加强，甚至出现两大对立群体而严重影响经济的动力和可持续性。

3. 政治外交上以两两相对为主。

中俄美欧四方的政治关系仍将带有强烈的"西方和非西方"色彩。中俄都将坚持符合国情的政治和社会制度，发挥全面战略协作伙伴在国际关系和全球事务中的能量和作用，而且中国还能为广大发展中国家提供区别于西方的另样选择。美欧在西方内部矛盾增加和外部影响减弱的形势下，将主要突出西方价值观，翻新"民主""自由""人权"等政治理念，并继续坚持"西方"对"非西方"的基本政治外交立场，并以此固群和组群。四方虽然在"高政治"和"硬外交"上的斗争面增多趋强，但在"低政治"和"软外交"上可能实现较多的务实合作。随着特朗普下台和拜登执政，四方在气候变化、共同抗疫、恢复经济和改善民生方面进行沟通和协调，在"多边主义"的名义下进行机制性合作，并为未来更多的合作进行铺垫。

---

[1] Fyodor A. Lukyanov, "The Time to Be by Yourself", *Russia in Global Affairs*, 2021, No.1, pp.5—10.

4. 安全军事上的复杂关系。

中俄美欧之间将呈现"双边竞争、三边博弈、四边联动"的安全军事格局，即中国和美国的双边安全军事竞争、俄美欧的双方三边安全军事博弈、中俄美欧的四边军事安全联动。相关的主要议题和领域包括：全球安全治理体系和军备裁减问题，特别是拥核国家因高度缺乏互信而导致的对话机制不畅或缺少对话，在网络空间、外太空等新的作战环境中行为准则的缺失[1]，以及俄欧美在欧洲、美中在亚太/印太的安全军事双边、多边对抗等。此外，还需要警惕一系列原有或新增的直接安全军事冲突，例如俄罗斯同美欧在克里米亚的后续冲突，中国同美国在台湾问题、南海问题上的冲突，以及网络战、无人机战和机器人战等高新科技衍生的军事冲突。

（二）多层多种的机制互动

中俄美欧四方未来不太可能建立专门的四方机制，仍将主要依托现有的多层次多领域的机制和架构开展互动。

1. 全球性机制互动。

未来四方互动的主要机制性平台仍是联合国安理会、二十国集团、国际货币基金组织、世界银行、世界贸易组织等。四方在这些全球性平台既有合作也有竞争，且围绕不同思想理念及话语权的竞争面可能会上升。此外，美欧将会强化针对中俄的排他性机制，如七国集团、"观点相同国家联盟"、"民主十国联盟"、"科技民主十二国"[2]等。这种建立在"小圈子"之上的合作机制是对多边主义的背离，将加剧世界的分裂。同时，考虑到中国坚持走开放发展道路和美欧内部分歧难以弥合，这种建设排他性机制

---

[1] Караганов С, Суслов Д, и др. Защита мира, земли, свободы выбора для всех стран: новые идеи для внешней политики России.

[2] 美国国务院前官员杰瑞德·科恩（Jared Cohen）和理查德·冯塔内（Richard Fontaine）提出了"科技民主十二国"的概念，即美国和澳大利亚、英国、加拿大、芬兰、法国、德国、印度、以色列、日本、韩国、瑞典。Jared Cohen, Richard Fontaine, "Uniting the Techno-Democracies: How to Build Digital Cooperation", *Foreign Affairs*, November/December 2020, No.6, pp.112—122。

的企图最终将落空。

2. 地区性机制互动。

中俄美欧四方在地区层面的机制性互动主要包括三种类型：一是以中俄为主的机制，例如中俄共同参与和发挥重要作用的上海合作组织、金砖国家、金砖国家新开发银行、"一带一路"，以及由俄罗斯领导并与中国建立了战略伙伴关系的欧亚经济联盟等。同时，中国也在积极拓展与欧洲的机制性合作，打造开放包容的区域合作格局。英国、德国、法国、意大利等欧洲主要大国共同参与了亚洲基础设施投资银行，2020 年底中国和欧洲签订了《中欧全面投资协定》。二是以美欧为主的机制。为了推进其印太战略、加大对中国的围堵，美国 2017 年以来主导激活了美日印澳"四方安全对话"机制，试图建立印太地区多边安保框架。这一机制在美国的推动下可能会更趋活跃、更具同盟性质。三是以地区为中心的交叉机制。四方在开展对非洲等地区的外交中存在着机制上的交叉和竞争。中非自 2000 年以来定期召开中非合作论坛，双方注重"一带一路"倡议与非洲《2063 年议程》等发展议程的对接。美国对中非关系发展持警惕态度，2014 年召开了首届美非领导人峰会，目前美国保持对非最大官方援助国地位，并在非洲安全事务中发挥重要作用。[1]欧非峰会自 2000 年启动以来已经举办五届，会议主题涉及经济合作、非洲发展、对非援助及安全合作等。[2]这些机制之间既存在合作的空间，也具有争夺对非影响力的色彩。

3. 地区内部的互动机制。

中美同属于亚太地区，然而近年来在推动区域经济合作方面却展现出保守和开放两种不同的路径。20 世纪 90 年代，美国在面对欧洲经济一体化和日本经济崛起的背景下，推动建立了北美自由贸易区。特朗普政府上台后，极力抨击 1994 年生效的《北美自由贸易协定》，经过强力施压最终通

---

[1] 何迪：《美非合作现状分析及启示》，载《开发性金融研究》2018 年第 4 期，第 66 页。
[2] 王涛、鲍家政：《"多边-多边"机制视域下的欧非峰会探析》，载《西亚非洲》2018 年第 4 期，第 142—144 页。

过新的《美墨加协定》。新协定中极具排他性的"毒丸条款"可能成为美国重构全球价值链的重要工具之一。[1]特朗普 2017 年上任后还退出了奥巴马时期达成的《跨太平洋伙伴关系协定》（TPP）。与此形成对比的是，经过 8 年谈判，2020 年 11 月，中国、日本、韩国、澳大利亚、新西兰及东盟十国共 15 个国家共同签署《区域全面经济伙伴关系协定》（RCEP）。这一协定是世界上参与人口最多、成员结构最多元、发展潜力最大的自贸区，是东亚区域合作和自由贸易的标志性成果。不仅如此，中国积极考虑加入《全面与进步跨太平洋伙伴关系协定》（CPTPP），展现了进一步扩大开放和推动亚太经济合作的决心。中美之间的竞合将是亚太地区未来发展的关键性影响因素。

（三）战略思维和思想理论的创新

如同其他行为体一样，四方的战略思想主要来源于过去和当前的内外环境和互动实践，并在不断总结经验的基础上推出新的战略和理论。同时，后者是否正确有效，则需要在实践中接受检验。只有准确把握历史发展方向，才能保持战略思维和思想理论不断推陈出新和与时俱进。

1. 国际格局观守旧和创新。

国际格局一旦形成，便具有相对稳定性，但在关键时期会发生嬗变。中国的多极格局观已经行之有年，也会根据形势发展而有所调整。例如党的十八大报告表述为"世界多极化深入发展"，"国际力量对比朝着有利于维护世界和平方向发展"，而党的十九大报告则表述为"世界多极化深入发展"，"国际力量对比更趋平衡"。俄罗斯和欧洲大国都认同多极格局观，但具体表述也各有不同。俄罗斯总统普京 2021 年 1 月 27 日在达沃斯世界经济论坛上指出："试图建立集中的、单极的世界秩序的时代已经结束。""这样的垄断违背了我们文明的文化和历史多样性。"[2]欧盟和欧洲大国认同多极

---

[1] 刘卫平：《大国竞合下的美墨加协定》，载《人民论坛》2020 年第 27 期，第 126—129 页。
[2] 《普京：试图建立单极世界的时代已结束》，俄罗斯卫星通讯社，2021 年 1 月 27 日，http://sputniknews.cn/russia/202101271032976857/。

化并希望在多极格局中占有一席之地。美国政府的国家安全报告都回避世界多极化进程，重点强调要维持其世界领导地位。例如，拜登政府的《过渡国家安全战略方针》指出："我们必须承认的事实是，世界范围内的力量对比正在发生变化和导致新的威胁。……尽管变化如此巨大，但美国在所有形态和领域的力量所拥有的持久优势，使我们得以塑造国际政治的未来，从而推进我们的利益和价值观，并创造一个更加自由、安全和繁荣的世界。"[1]

2. 多极化进程中的多边主义。

在世界多极化深入发展的进程中，多边主义被赋予了新的意义，即从原来主要是外交手段和方法朝着外交原则和架构的方向发展，并使美国的单边主义更加不得人心。

中国历来强调世界事务应当共商共议而不能一家说了算。尤其是在单边主义和霸凌蛮横行径抬头之时，中国针锋相对地把多边外交提升到多边主义的高度，即从外交的行为方式上升到外交的原则理论和发展方向。习近平主席指出："多边主义是维护和平、促进发展的有效路径，世界比以往更加需要多边主义。"[2]王毅指出："当前要做的是，各国共同维护以联合国为核心的国际体系，共同维护以世贸组织为中心的国际贸易规则，共同推动以对话协商解决地区热点问题，共同应对恐怖主义、气候变化等全球性威胁与挑战。"[3]

普京上台后，表示要在独立的基础上重新塑造俄罗斯的大国地位，为此把全球治理和多边主义作为恢复和推进俄罗斯世界大国地位的重要理念和手段。2020 年 9 月 21 日，俄罗斯外长谢尔盖·拉夫罗夫在联合国成立 75

---

[1] *Renewing America's Advantages—Interim National Security Strategic Guidance*, The White House, March 2021, pp.7—8.

[2] 转引自杨洁篪：《倡导国际合作，维护多边主义，推动构建人类命运共同体——在第 55 届慕尼黑安全会议上的主旨演讲》，2019 年 2 月 16 日，中华人民共和国外交部，https://www.fmprc.gov.cn/web/zyxw/t1638506.shtml。

[3] 王毅：《新时代应坚持多边主义》，新华社，2018 年 7 月 3 日，http://www.xinhuanet.com/politics/2018-07/03/c_1123074284.htm。

周年纪念峰会的视频发言中提出，当今世界已经厌倦被分裂，需要更多的多边协助与合作。[1]在俄罗斯精英界看来，源于 20 世纪下半叶的多边主义已经过时，其替代方案并非重返两极、单极或曾经的多极秩序，而是以各类行为体参与的具体项目为依托，以共享价值为"目标"而非"前提"，维系基于一定规则、程序和权力的全球范围内的无序状态。[2]

美国拜登政府的多边主义强调美同盟体系和在国际组织中的主导地位。拜登的多边主义否定了特朗普大肆宣扬的"美国优先"以及民族主义、单边主义和主权主义等。但是，拜登的多边主义具有强烈的针对中国的一面。例如，2021 年 2 月 4 日，拜登在国务院就外交政策发表演说，正式将其外交核心定位在以美国"领导"的多边主义，美国要领导其盟友形塑国际新秩序，以及应对作为美国竞争者的中国。[3]

欧洲的多边主义强调规范和价值观。2021 年 2 月 3 日，法国总统马克龙、德国总理安格拉·默克尔（Angela Merkel）、欧洲理事会主席夏尔·米歇尔（Charles Michel）、联合国秘书长安东尼奥·古特雷斯与欧盟委员会主席乌尔苏拉·冯德莱恩（Ursula von der Leyen）发表联合署名文章，对欧洲版的多边主义做了比较全面的阐述："多边主义绝不仅仅是另一种外交手段。它能够塑造世界秩序，是一种基于合作、法治、集体行动和共同原则以组织国际关系的非常途径。我们必须建设一种更具包容性的多边主义，尊重我们的分歧和载入《世界人权宣言》的共同价值观，而不是挑动不同文明和价值观之间的相互争斗。"[4]

---

[1] "Foreign Minister Sergey Lavrov's Video Statement on Behalf of the CSTO Member States at the UN General Assembly High-level Meeting to Commemorate the 75th Anniversary of the UN", The Ministry of Foreign Affairs of the Russian Federation, September 21, 2020.

[2] Andrey Kortunov, "Multilateralism Needs Reinventing, Not Resurrecting", Russian International Affairs Council, December 9, 2020.

[3] "Remarks by President Biden on America's Place in the World", The White House, February 4, 2021, https://www.whitehouse.gov/briefing-room/speeches-remarks/2021/02/04/remarks-by-president-biden-on-americas-place-in-the-world/.

[4] Emmanuel Macron et al., "Multilateral Cooperation for Global Recovery", *Project Syndicate*, February 3, 2021, https://www.project-syndicate.org/commentary/multilateralismfor-the-masses-by-emmanuel-macron-et-al-2020-02.

3. 塑造时代性正义和综合性公平的道义论。

新冠疫情暴露了自由主义国际秩序的一些结构性弱点：首要的是自由主义本身的矛盾，以及主要成员长期以来过度发展军事力量，使其社会、治理和基础设施走向衰败。[1]在此背景下，中俄美欧都需要在举何种道义之旗和推出何种政治诉求等方面进行相应的新思考和新互动。人类社会在物质生产和文化进步的同时，需要重新审视和深化人的全面安全、国家本职和国际责任等方面的道义道德问题，大国要在延续各自基本道义的基础上进行新的道义交流交汇交锋。在全球抗疫进程中，"以人为本"和"生命第一"的思想为国际关系增加了新内涵和新方向。加强环境保护和提高生命保障或许能够成为未来一段时期的国际最大公约数。道义道德的塑造和融合是个长期和艰巨的系统工程，在特殊情况下，如《联合国宣言》提纲挈领式地提出了宏大目标，但更多的是通过由个别到全面的逐步累积。中国已经提出了一些重要的原则和途径，但美国却仍旧在"民主"和"专制"之间打转。

五、 结语

中俄美欧四方战略互动已经位于历史的十字路口：是朝着相互尊重、公平正义、合作共赢的新型国际关系方向前进，还是重回集团对抗的老路？后者就是时下国际社会正在热议的"新冷战"问题，这已经不是纯粹的学术问题，而是具有极其重要的现实和深远意义。与冷战时期西方和苏东集团两大阵营的对抗相比，当前美欧与中俄之间的阵营性对抗更为弱化。美欧在世界政治经济以及中俄问题上的共同利益大于分歧，但很难在推进"新冷战"问题上形成共识与合力。中俄加强合作的主要目的在于反对而不是发动"新冷战"。国际社会不仅要反应式避免"新冷战"，更要主动地营

---

[1] ［英］理查德·萨克瓦：《拧紧螺栓：新冠疫情与国际政治》，载《俄罗斯研究》2020 年第 5 期，第 32 页。

造新的国际合作环境和建构新型国际关系。中国作为新兴的社会主义大国，需要在反对"新冷战"和建设相对稳定和基本平衡的大国关系方面作出以下努力。

首先，从当前国际社会最关心的现实问题着手，不断以"早期收获"争取更多的国际支持。以下是中国和国际社会近期共同努力的主要议程：加强国际合作抗击新冠疫情，促进世界经济的早日复苏，提高应对传统和非传统安全威胁的能力，管控重大热点和大国间的分歧。

其次，加大世界秩序和国际体系的建设力度。要在确定基本原则和建设方向的基础上，提出具体和可行的方案。第一，总体机制框架要体现当前和未来国际力量对比的态势，同时还要推进地区和跨地区合作机制的建设。第二，机制运作要兼顾公平与有效，发挥相关国际体制和机制的建设性作用。第三，议题设置要有服务世界的"议题意识"和"民生意识"，坚决反对西方的"自我中心"和"唯我独尊"。

最后，尊重广大中小国家的权益和作用。当前，广大中小国家具有强烈的联合自强意识和积极参与国际事务的能力。展望未来，中小国家的新能力、新意识和新作用还会继续上升，成为全球性大国尊重和争取的对象。

国际体系

二十国集团的转型选择和发展前景*

一、 历史进程和历史机遇

历史的偶然性中存在着必然性。二十国集团（G20）机制的形成和发展深刻反映了第二次世界大战（简称"二战"）结束以来国际力量格局的变化和国际体系的改革进程。

二战后的世界经济发展在发达国家和发展中国家中呈现出各自不同的历史进程。以美国为首的发达国家在经济主导权方面经历了由独享到分享的进程。二战后，美国凭借其超强的经济和军事力量，主导了国际贸易和金融体系，确立了美国在全球经济治理领域的霸权地位。20世纪70年代中期，在金融危机和能源危机的冲击下，在美苏冷战的压力下，美国已无法维持其经济和金融霸权，为保持优势地位而建立了以七国集团（G7）为核心的西方集体霸权。在建立之初，G7的主要作用是协调西方大国之间的经济政策，统一各自对外立场，维护它们在国际体系中的既得利益和强势地位。冷战结束后，随着全球化进程的推进和全球性问题的凸显，G7因吸收俄罗斯而扩大为八国集团（G8），它试图由协调西方世界对外政策的核心机制向协调国际政治、经济、安全及社会政策的全球治理中心转变。但由于新兴经济体的崛起，G7/G8在许多全球治理问题上都显得心有余而力不足。1997年亚洲金融危机后，美国决定推动G7"在布雷顿森林体系内部建立一

---

* 原文载《国际问题研究》2011年第6期，第50—60、125页。

个非正式对话机制，扩大具有体系重要性的国家之间主要经济和金融政策议题的讨论"[1]。作为 G7 财长和央行行长会议补充的 G20 财长和央行行长会议由此诞生。由于 G20 主要讨论经济和金融议题，因此它的建立并没有改变 G7/G8 在全球治理中效率和代表性不足的问题。西方发达国家企图通过进一步对话使新兴大国接受西方的规则、安排并分担国际责任，从而在 21 世纪初逐步形成了 G8＋5 模式。

发展中国家（地区）在战后世界经济中的地位不断提升。自 20 世纪 60 年代起，亚洲"四小龙"利用西方市场、资金和技术迅速起飞。70 年代末，中国走上改革开放之路。同时，东南亚的马来西亚、印度尼西亚、泰国和菲律宾也跻身经济高增长国家之列。东亚逐渐发展成为可以与北美和欧洲相媲美的经济板块。进入 21 世纪，巴西、俄罗斯、中国、印度和南非等新兴市场国家更呈现出群体崛起之势，在世界经济总量和增量中的比重逐年提高。1989 年冷战结束时，G7 的 GDP 总量约占当时世界经济总量的 62%，俄罗斯、中国、印度、巴西、墨西哥和南非等 6 个新兴大国的 GDP 总量占世界经济总量的比重还不到 8%；到 2009 年，G7 的这一比重下降到 53.24%，而 6 个新兴大国已经上升到 17.51%。[2]

代表世界经济新兴力量的新兴市场国家要求在全球治理中拥有更大的发言权，并在 2008 年全球金融危机中化危为机，在"建章立制"方面更为积极主动。反观美欧等发达国家，它们深受金融危机和经济危机的双重冲击，G7/G8 无力应对危机中和危机后的严峻挑战。在此背景下，G8＋5 对话进程升格为 G20 峰会，全球经济治理由此步入了新阶段。

---

[1] John Kirton, "The G20: Representativeness, Effectiveness, and Leadership in Global Governance", in Joseph Daniels, etc. eds, *Guilding Global Order*, Aldershot: Ashgate Publishing Company, 2001, pp.155—156; Statement of G7 Finance Ministers and Central Bank Governors, Washington DC, September 25, 1999, http://www.g8.utoronto.ca/finance/fm992509 state.htm.

[2] 根据世界银行数据计算得出，参见 http://data.worldbank.org/indicator/NY.GDP.MKTP. CD。

二、 G20 主要群体的立场

G20 成员各自的利益和理念存在差别,其立场也不尽一致。三年来,G20 大致上形成了美欧日、金砖国家、中等国家和国际组织四大群体,它们的立场在相当程度上决定着 G20 转型和发展的成败。

(一)美欧日群体

美欧日 G7 国家是旧体系的主导国家,但它们也认识到通过新体系能更有效地应对新的挑战。2008 年全球金融危机之后出现的 G20 首脑峰会,是美欧日借助旧体系外壳注入新体系内涵的一种努力。其目的有二:一是将新兴经济体崛起带来的体系影响纳入其主导范围,二是让新兴经济体为其分担提供全球性公共产品的责任。

不过,美欧日均不愿放弃 G8 在全球治理中的传统阵地,比如自 G20 诞生以来,G8 峰会分别在意大利、加拿大、法国举行,在安全、发展等议题上更为努力地守护其核心话语权,以致有 G8 复兴的说法。而 G7 财长会议在金融领域同样十分活跃,比如 2011 年 3 月日本大地震之后迅速联合干预日元汇市。

自 2010 年 11 月首尔峰会(即 G20 开始向中长期经济协调转型)以来,各方分歧突出,引发不少悲观看法,美欧亦不例外。有观点认为美国对 G20 的兴趣和领导力下降。英国前首相戈登·布朗(Gordon Brown)认为当前"微边主义"(mini-lateralism)盛行,各国局限于关注自己的国内事务,G20 未能实现其使命。[1]

美欧日之间的分歧影响到 G20 的实效,如 2009 年 4 月伦敦峰会上关于加强对避税天堂监管的争论,2010 年 6 月多伦多峰会上关于削减财政赤字

---

[1] Laurence Norman, "Gordon Brown Laments G-20", March 26, 2011, http://blogs.wsj.com/brussels/2011/03/26/gordon-brown-laments-g-20/.

与刺激经济复苏的争论，最近关于是否设定经常项目盈余或赤字占 GDP 比重目标等参考性指南问题等。此外，美国认为欧洲在当前的全球经济治理机构（国际货币基金组织和世界银行）中代表权过多，应向新兴经济体转让份额、投票权和高管职位。欧洲则力图保住既得利益，维护其在 G20 的"欧洲重心"（德国、法国、英国、意大利、西班牙、欧盟等）。

（二）金砖国家群体

巴西、俄罗斯、印度、中国、南非等金砖国家大多会随着新体系的建立获得更大的话语权，但也可能因此承担更多责任和受到更多国际制度的制约。它们在建立新体系上具有很强的积极性，但在应该承担多少责任方面却存在迟疑。

金砖国家珍惜进入全球经济治理中心的历史性机遇，普遍主张发挥 G20 的积极作用。金砖国家在努力促进世界经济稳定、健康发展的同时，在 G20 中维护新兴市场和发展中国家的利益。

金砖国家主张提高新兴市场和发展中国家在国际金融机构中的发言权和代表性。在金砖国家以及其他新兴市场国家的努力之下，发达国家在国际货币基金组织的整体份额由 60.5% 降为 57.7%，而发展中国家的整体份额则由 39.5% 升至 42.3%。世界银行发展委员会也通过了投票权改革方案，由发达国家向发展中国家转移 3.13 个百分点，发展中国家的整体投票权由 44.06% 提升至 47.19%。

金砖国家主张建立稳定的储备货币体系。金砖国家呼吁提高特别提款权的作用，并扩大了在双边贸易中采用本币结算的范围。巴西财长曼特加还提出由美元、欧元、日元、英镑、人民币和雷亚尔组成新世界储备货币的构想。[1]

金砖国家主张加强国际金融监管和改革，加强各国政策协调与监管合

---

[1] 《巴西财长：人民币雷亚尔应列为特别提款权货币》，2010 年 5 月 28 日，http://finance. huanqiu.com/roll/2010-05/832064.html。

作。金砖国家反对以美国为首的西方国家力图促成将汇率政策和经常性账户损益表列为评估全球经济的指标，批评美国的量化宽松政策给新兴经济体带来巨大的通胀压力，要求加强国际金融监管，减少国际热钱对新兴经济体的冲击。此外，金砖国家还希望 G20 成员通力合作，防止大宗商品的价格过度波动。

（三）中等国家群体

进入 G20 的中等国家，无论是发达国家还是发展中国家，都高度重视 G20 作为世界经济合作主要平台的作用，也努力将自身作为 G20 成员的地位转化为实实在在的权益。

墨西哥把 G20 视为全球治理的新平台和提升自身国际地位的载体，借助将成为 2012 年 G20 主席国的机遇，积极推动大外交战略。土耳其始终坚守发展中国家的"低位平台"，强烈主张并积极发展其作为发展中国家与 G20 之间的纽带与桥梁作用。阿根廷高度重视 G20，但在农业等问题上为维护自身利益不惜与 G20 其他国家相抗衡。澳大利亚急切希望 G20 在自由贸易的制度规范上能够发挥积极的引领性作用，并以国内强大的金融板块为支撑，力求在国际金融规则的改进中占据主动地位。西班牙是 G20 "永久被邀请国"，它积极探寻从"中间"转为"正式"、从"边缘"走入"核心"的机遇。

（四）国际组织群体

国际货币基金组织、世界银行等国际金融机构虽然不是 G20 的正式成员，但也是 G20 的利益攸关方，有的还是其意图的执行方。

作为 G20 峰会机制的得益者，国际货币基金组织、巴塞尔委员会、金融稳定理事会等积极主张加强这一机制。国际货币基金组织等本已面临生存危机，但是这次金融危机爆发和 G20 峰会机制的建立使其获得了新的资源、动力和使命，其影响力得到了延续甚至扩展。世界银行亦在资源、动力、机构改革等方面与国际货币基金组织一样受益于 G20 的升格，但更为关注发展问题和全面改革，时任行长罗伯特·佐利克（Robert Zoellick）认为，G20 应超越布雷顿森林体系的狭隘视角，推进货币体系、经济结构和自由贸易一揽子改革，加强对发展中国家基础设施和能力建设的支持，关注粮食安全问题。[1]世界贸易组织亦是 G20 的受益者，但认为 G20 未能推动多哈回合取得突破，因而是有效却不够积极的防御机制。[2]联合国对于 G20 的态度则比较复杂。联合国是当今世界最具普遍性、代表性和权威性的政府间国际组织，但其决策效率低下，在一些政治和经济议题上曾被 G7/G8 边缘化。G20 的升格事实上对联合国的地位和作用均构成挑战。且有观点认为，随着 G20 议题的扩大，联合国的职能范围会被进一步侵蚀。联合国国际货币与金融体系改革专家委员会提出应在联合国内部建立一个20—25 个成员组成的经济委员会取代 G20。[3]不过，考虑到大幅度改革的困难，联合国在总体上承认 G20 机制的进步意义，希望借此全新的机制平台宣扬其道德优势并加强其地位，从而能够通过合作加强双方的互补性而不是被后者取代。在 G20 峰会诞生之初，时任联合国秘书长潘基文数次提议在纽约联合国总部举行峰会但未得到响应。潘基文后又呼吁，G20 应对发展中国家的弱势群体给予更多的关注，对粮食安全、气候变化、联合国千年发展目标等给予更大的关注。

三、转型期的选择菜单

如前所述，是历史发展的需要选择了 G20。但处于转型期的 G20 也必须对自我发展作出历史性选择。G20 升格是国际体系内部顺应历史潮流的

---

[1] Robert Zoellick, "The G20 Must Look beyond Bretton Woods II", *Financial Times*, November. 7, 2010; "Zoellick: G20 Must Act to Stabilize Food Prices", *Reuters*, Jan 6, 2011.

[2] Brussels Forum, "Keeping the G20 En Vogue", March 26, 2011, http://brussels. gmfus. org/?page_id=402.

[3] Commission of Experts on Reforms of the International Monetary and Financial System, *Report of the Commission of Experts of the President of the United Nations General Assembly on Reforms of the International Monetary and Financial System*, September 21, 2009.

自我改革，但作为一个新的国际机制，其可持续发展和生命力取决于其发展方向、指导思想、组织机制、议题设置及其有效性、合法性五大因素，且面临比 G7/G8 更大的挑战。对于只有三年历史的 G20 峰会机制而言，它正面临着以下主要选择。

（一）发展方向方面

G20 的渐进式讨论有三个重点。其一，在 G20 是维持危机应对的临时性平台或全球经济治理的长久性机制问题上，大多数成员属意后者。其二，如果作为一个长期性全球机制，G20 应该是经济和政治并重还是继续聚焦于经济，特别是金融问题。迄今为止的多数意见认为还有待观察而不必急于下结论，最终很可能取决于新兴国家在其他议题领域的地位和影响力变化程度。其三，G20 在整个全球治理机制网络中的定位，大多数意见希望视情况不同而处理好与已有国际机制的"替代""补充"或"合作"关系。

（二）指导思想方面

西方自由主义的市场经济思想面临新的挑战，在国家与市场的关系问题上出现了较大的修正，并对 G20 的运作产生较大影响。首先，1997 年的亚洲金融危机和 2008 年的全球金融危机的爆发揭示，金融市场自由化与贸易有很大区别，加强金融监管的思想日益为国际社会所接受。这也是 G20 峰会今后预期会继续关注的领域。其次，环境问题的加剧亦使得自由主义的扩张有所收敛。再次，国际格局变化亦导致西方国内政治格局变迁，经济民族主义和民粹主义、贸易和投资保护主义等明显抬头，在欧债危机中亦有表现。最后，权力结构的分散和全球治理的兴起使得合法性需求上升，这将是 G20 必须认真面对和处理的重要问题。

（三）组织机制方面

大体上存在三大类设想。第一类是"强化 G20 和弱化 G7/G8"。它可再细分为"实体"和"软体"两种。"实体设想"是不断做实和强化 G20 机制，将其从论坛型峰会发展成实体机制，包括设立秘书处、确定相对固定的议题、成员数量、完善约束和评估机制等。"软体设想"是保持 G20 "软性机制"的特点，继续保持 G + X 的年度会议参与方成员，轮值国协调年度主题，主要讨论当年的突出议题等。第二类可称为"双轨制"或"多轨制"。如在 G20 的"大多边"同时存在一些"小多边"，西方国家的 G7 和金砖国家等发挥各自不同的作用。第三类是结束型设想。在发达国家方面，有人认为 G20 在完成危机应对的使命后宣告结束，而 G7 和北约则在全球政治、安全、经济等领域发挥主导作用。在发展中国家方面，非 G20 国家要求类似联合国的组织替代合法性和代表性都不足的 G20，总之，正如一些学者指出的，G20 峰会制度创新的目的不在于制定一套僵化的规则和程序，而在于提升其领导力和程序意识，促进其实现有效转型。[1]

（四）议题设置及其有效性方面

G20 亦面临如下几种选择：一是近期而言，是继续集中于金融改革还是转战推进贸易自由化。有观点认为，金融议题常常涉及深层次的利益冲突，比如国际货币体系改革、如何约束主要储备货币发行国的货币政策等问题，而推进多哈回合是容易得多的事情，以美国为代表的发达国家与以印度为代表的发展中国家之间关于农产品贸易的协议已经到了最后关头，按照"先易后难"的原则，G20 应该尽快将关注重点从金融转向贸易议题。但这种看法遭到很多质疑。在当前西方贸易保护主义盛行的情况下，多哈回合近期前景十分黯淡，更何况贸易谈判涉及太多的国家、部门利益冲突，重新开始相互协调困难重重。二是中长期而言，是继续集中于经济还是兼顾政治议题。该问题前面已经提及，此处想进一步强调的是，议题范围直接影响 G20 机制的有效性，但是没有绝对完美的解决方案。宽泛的议题有助于领导人讨价还价时交换议题和达成共识，而议题过于发散又会导致谈

---

[1] Colin Bradford and Wonhyuk Lim, eds., *Global Leadership in Transition Making the G20 More Effective and Responsive*, Washington: Brookings Institution Press with the Korean Development Institute 2011, p.10.

判失去重点，影响实质性问题的解决。不过，G20 作为最高层级的会晤，如果长期化和机制化，更有可能从战略层面讨论各类议题，而将具体议题的落实交给部长级会议。

（五）代表性和合法性方面

G20 的升格就是对 G7/G8 代表性不足的修正，但其代表性和合法性问题仍被非 G20 成员国家质疑。有种观点认为，G20 要实现由危机救助向长期经济治理机构的转型，必须增加非成员方的参与。可考虑在保持其核心成员不变的同时，提供一定程度的外部准入，如按功能和议题需要，兼顾地区平衡，增加非成员方的参与。[1]

四、中国的战略思维

G20 的转型和发展直接关系到世界经济和政治的发展方向。作为 G20 峰会和新兴经济体的重要成员，中国高度重视 G20 的转型选择和发展前景，其相关战略思维也正在逐步形成、发展和完善。

（一）以 G20 为抓手推进国际体系和平转型

中国是个发展中国家，自 20 世纪 70 年代以来，一直主张国际体系改革应当朝着更加公正合理的方向发展，并逐步形成了与时俱进的国际体系观，而 G20 的升格又为中国和其他成员共同推进国际体系和平转型提供了抓手。中国通过 G20 提高新国际体系的代表性。中国认为由西方国家主导的战后国际体系存在代表性不足的问题，特别是没有考虑到广大发展中国家的利益和诉求。中国主张在新一轮的国际体系重组中，不能仅以经济实力和经济增长贡献率衡量一切，还应考虑到地域、历史和文化等诸多因素。

---

[1] Andrew F. Cooper, "The G20 and the Post-crisis Economic Order", Center for International Governance Innovation, G20 Papers No.3, June 2010, http://www.cigionline.org/sites/default/files/G20%20No%203_1.pdf, p.13.

G20 是对 G7/G8 的一种纠正和进步，但还需要通过完善 G20 内部机制和加强与非 G20 行为体的互动以逐步提高其代表性。

中国通过 G20 提高新国际体系的公正性。公正是相对的，首先是相对于旧国际体系，新国际体系应当在权利和义务分配上体现更大的公正性，G20 在成员构成上、在国际货币基金组织和世界银行的改革上、在提高新兴国家的话语权方面等都体现了相对的公正性。其次是相对于发达国家，G20 应当更多地考虑广大发展中国家、特别是处于边缘的最不发达国家的权益。中国在 G20 不仅考虑自身地位的提高，而且照顾到其他新兴大国的权益，特别还要求 G20 中的发达国家要考虑到非 G20 发展中国家的权益。最后是相对当今的过渡阶段，今后的 G20 应该体现出更大的制度公正和规则公正。G20 只有三年的历史，在建章立制方面刚起步，难免留有许多旧体系的痕迹。但在筹划新的机制和规章制度时，更要从长远的视野体现对广大发展中国家的公正性。

中国通过 G20 增加国际经济治理的有效性。作为世界经济治理的主要平台，中国认为 G20 应当发挥它在危机应对、议题设置、问题解决等方面的有效性。第一，G20 在应对 2008 年全球金融危机方面发挥了主导作用，但需要在后金融危机时期延续和扩大其效应，促进世界经济的复苏，推动世界经济强劲、平衡和可持续地发展，以及对国际金融的有效监管。第二，G20 在当前世界经济和发展的议题设置问题上面临更大的挑战。在经济全球化时代，世界经济日趋复杂，动向趋势更难预测，主要议题更难确立。此外，由主席国确定 G20 峰会主要议题的做法具有片面性，需要从制度建设的高度予以解决。第三，问题解决的有效性涉及面更广，因而也更加复杂。G20 是成员领导人之间进行讨论的软机制，其决议和最后声明都需要其他国际机制以及各种行为体的实施。而且，解决问题的有效性直接关系到 G20 机制的生命，也是其能否得到国际社会持续支持的重要标尺之一。

（二）以 G20 为平台调整大国和中等国家的关系

G20 为中国和 G20 其他成员提供了更为广阔的外交空间与领域，也丰富了中国外交的内涵和外延。

G20 增加了中国和传统大国互动的建设性。中国和美国是提升 G20 作用的主要推动者，两国在国际金融治理方面既斗争又合作，以多边合作推动双边合作。中国和法国、英国、德国等也增加了全球层面的交汇点，有利于在更广阔的范围内进行互动。

G20 丰富了中国和新兴市场国家的多层次合作。在全球层面上，中国和新兴市场国家在 G20 内外的互动推动着国际体系的重组。金砖国家峰会和 G20 峰会的平行举行，增加了 G20 机制的多样性和多元性。金砖国家不仅加强了相互间的立场协调和机制性合作，还加强同其他新兴市场国家的沟通，从整体上增加了新兴市场国家的力量。在地区合作层面上，中国和来自不同地区的新兴市场国家互动，加强了同地区或跨地区的合作。在双边合作层面上，G20 丰富了中国和俄罗斯、印度、南非、巴西等战略合作伙伴关系的战略意义和合作内容。

G20 有利于中国和各类中等国家进行多样性的合作。就发达的中等国家而言，中国和澳大利亚、加拿大等在能源和资源秩序方面具有共同利益，中国和意大利、西班牙等在加强金融和投资方面的合作有积极意义。就邻近的中等国家而言，中国和韩国、印度尼西亚等共同提升亚洲国家的国际地位。就中东的中等国家而言，中国同沙特阿拉伯和土耳其在 G20 的合作加深了中国同伊斯兰世界的沟通和理解。

（三）以 G20 为舞台展现负责任大国的形象

首先，中国正在夯实做强国内基础。中国正在走一条科学发展的道路，全面推进国家的经济文明、政治文明、社会文明、生态文明的建设，增强了中国负责任大国的国内基础。不言而喻，中国综合国力的全面提升和中国成为 G20 的重要成员之间有着密切的关系。其次，中国正在以日益强大的国力为 G20 注入强大的和平、发展、合作动力。中国在应对 2008 年全球金融危机中同发达国家"同舟共济"，在全球经济治理机制建设时不挑战美国等西方国家的主导地位，不损害有关国家的核心利益，不破坏现有机制的正常运作，而是以稳定大局为重，通过循序渐进的方式进行大家都可以和平接受的改革。最后，中国在 G20 中同有关各方探索在指导思想和价值观方面形成共识的可能性，如全面协调可持续的发展道路、以人为本的民生思想、和平协商的共生共处理念等。

（四）以 G20 为平台丰富全球经济治理的理念和实践

中国在 G20 平台上向世界阐述对国家发展和全球经济的发展理念和实践，向世界展示了新兴大国的成功之路。同时，在 G20 框架内，中国和新兴大国加强协调，共同推进了"小多边"机制。中国重视对 G20 进行提炼性总结和前瞻性思考，在向世界各国学习的同时，对全球经济治理，特别是金融治理提出诸如"同舟共济"和"不对抗、多合作"等新理念。为了促进世界经济强劲、可持续、平衡增长，中国建议：完善框架机制，推动合作发展；倡导开放贸易，推动协调发展；完善金融体系，推动稳定发展；缩小发展差距，推动平衡发展。[1]这些建议既具战略视野，也具有操作性，在国际上引起了良好的反响。与此同时，中国在实践中也对 G20 作出了以下主要贡献：

第一，在 G20 框架下积极与其他主要经济体协调配合，帮助稳定美国及国际金融市场，为国际货币基金组织等提供更多金融资源，与相关经济体签订货币互换协议等，有效避免了危机进一步恶化及在全球范围内蔓延，为 G20 的危机管理能力提供了坚实基础。

第二，在 G20 推进各国协调行动，刺激经济复苏的行动中，中国发挥带头作用，实施了基于扩大内需的积极财政政策，不仅使中国经济保持了较高增速，而且成为拉动世界经济增长的最大动力，加强了 G20 在推动全球经济增长方面的可信度。

第三，和很多国家一道，中国在历次 G20 峰会中均旗帜鲜明地反对贸

---

[1] 胡锦涛：《再接再厉共促发展——在二十国集团领导人第五次峰会上的讲话》（2010 年 11 月 12 日，首尔）。

易保护主义，这为防止危机后贸易保护主义在全球范围内泛滥作出了贡献，使得 G20 成为推进国际自由贸易的重要平台。

第四，中国在金融监管、石油补贴、稳定大宗商品价格、参考性指南等 G20 的各个领域都积极参与讨论，并提出很多具有建设性的建议，这为 G20 扮演一个真正意义上的全面性全球经济治理机制的角色提供了帮助。

第五，中国重视发展中国家和欠发达国家的利益关切，积极支持韩国将"发展"作为 G20 首尔峰会的议题，这将有利于 G20 克服以往在全球经济治理方面的不足，并赢得更加广泛的支持。

五、 结语

当前的国际体系改革始于金融领域，但正在向其他领域扩展，而 G20 也正在从全球金融危机的应对机制向国际经济合作的主要平台转变，两者相辅相成，共同前进。从 G20 峰会的筹备阶段起，中国就一直同有关各方努力应对全球金融危机，并使 G20 成为国际体系朝着更加公正合理方向发展的重要推动力。过去的三年，是升格后的 G20 初创和初胜阶段，而今后数年则是其第二阶段，即向国际经济合作主要平台的转型阶段。与第一阶段相比，G20 在第二阶段的任务将更加艰巨，但它的意义也将更加深远。为此，G20 需要进一步整合内部力量，在求同存异或求同化异的进程中，增加目标方向的共识，积聚发展改革的物质力量，增加合法性和有效性等。展望未来，虽然在前进的道路上还存在许多可预见和不可预见的困难，但国际社会有理由对 G20 转型成功表示谨慎乐观，因为 G20 的前进方向同和平、发展、合作的时代潮流是一致的。

构建人类命运共同体是人间正道[*]

面对新冠疫情，大多数国际社会成员强调人类共同利益和责任，认为共同维护人类的生命安全与身体健康是当前最为紧迫的任务，各国携手抗击疫情成为国际社会的共识。人类命运共同体理念更加深入人心，许多国家对践行多边主义的现实性、紧迫性、时代性有了更深入的认识。国际社会需要努力化危为机，以全球公共卫生治理机制建设为抓手，加快推进全球治理体系变革和完善。

习近平主席指出："疫情给我们带来一系列深刻启示。各国命运紧密相连，人类是同舟共济的命运共同体。"[1]当前，新冠疫情仍在全球蔓延，严重威胁人类生命安全和身体健康。疫情冲击下的世界正在发生深刻变化，面临更多不稳定不确定因素。在这场攸关人类健康福祉、世界发展繁荣的疫情防控斗争中，团结合作是最有力的武器，推动构建人类命运共同体是人间正道。各国应以团结取代分歧、以理性消除偏见，凝聚起抗击疫情的强大合力，团结抗疫，共克时艰，维护人类共同家园。

一、携手合作是人类应对危机的必然选择

新冠疫情已经波及全球 200 多个国家和地区。疫情不仅夺走数十万人

---

[*] 原文载《人民日报》2020 年 7 月 9 日第 9 版。
[1] 《国家主席习近平向"一带一路"国际合作高级别视频会议发表书面致辞》，载《中国青年报》2020 年 6 月 19 日第 1 版。

的宝贵生命，严重威胁人类健康，还使世界经济下行风险加剧、社会治理危机风险上升，世界不稳定不确定因素显著增多。这次疫情是摆在人类面前的一次严重的非传统安全威胁。

在应对这场重大传染性疾病的过程中，中国始终秉持构建人类命运共同体理念，加强国际合作；大多数国际社会成员强调人类共同利益和责任，认为共同维护全人类的生命安全与身体健康是当前最为紧迫的任务。国际社会加强合作，增强了命运与共的意识。许多国家在抗击疫情的行动中努力化危为机，加强信息沟通、政策协调、行动配合，着力推动国际治理机制和全球治理体系变革和完善。

进入 21 世纪，人类面临的安全形势更加动荡复杂，传统安全威胁和非传统安全威胁相互交织，安全问题的内涵和外延进一步拓展。就流行性疾病来说，世界上相继发生了埃博拉病毒、寨卡病毒、H1N1 流感、新冠病毒等疫情。国际恐怖事件、金融危机等也多次发生，非传统安全威胁成为人类需要正视的严峻挑战。同时，各国越来越利益交融、安危与共，没有哪个国家能够独自应对人类面对的各种挑战，也没有哪个国家能够退回到自我封闭的孤岛。维护人类的共同家园，要靠各国加强合作，齐心协力应对挑战。

在病毒这个人类共同的敌人面前，国际社会总结吸取以往应对非传统安全威胁的经验教训，进一步加强抗击疫情的团结合作。2020 年 3 月 26 日召开的二十国集团领导人应对新冠肺炎特别峰会、4 月 14 日召开的东盟与中日韩抗击新冠肺炎疫情领导人特别会议、5 月 18 日召开的第七十三届世界卫生大会视频会议、6 月 17 日召开的中非团结抗疫特别峰会、6 月 18 日召开的"一带一路"国际合作高级别视频会议等，都是国际社会凝聚团结抗疫、共克时艰共识的重要会议。习近平主席在中非团结抗疫特别峰会上的主旨讲话中指出："我们要坚持人民至上、生命至上，统筹资源，团结合作，尽最大努力保护人民生命安全和身体健康，最大限度降低疫情负面影响。"目前，全球疫情防控形势依然严峻复杂，国际社会尤其需要加强合作，凝聚起战胜疫情的强大合力。

二、 人类命运共同体理念更加深入人心

新冠疫情的发生以及全球为抗击疫情所采取的一系列行动，对当前世界局势以及人类未来安全和发展都有重大影响。这种影响不仅体现在国际关系方面，还体现在思想、理念等各个层面。

新兴市场国家和发展中国家快速发展、国际影响力不断增强，在国际事务中发挥着越来越重要的作用。新形势下，强权政治、冷战思维、零和博弈那一套已经行不通了，各国平等参与国际事务、协商对话解决分歧的多边主义成为国际社会的共识。

当今世界，物质财富不断积累，科技进步日新月异，人类文明向更高水平发展，和平、发展、合作、共赢是无法阻挡的时代潮流。对世界各国人民而言，生命安全和身体健康是基本需求，过上更加美好的生活、共享经济全球化发展成果是热切期待。在突如其来的新冠疫情面前，许多国家的人民生命安全和身体健康受到威胁。抗击疫情，第一位是保护和拯救生命。在近期召开的一系列国际会议上，许多国家表示要做好保护人民、保护生命的工作。中国同一些新兴市场国家和发展中国家紧紧抓住发展和民生等议题，倡议打造人类卫生健康共同体，创建美好生活和安全健康人生。这些倡议已经产生广泛影响。在中非团结抗疫特别峰会上的主旨讲话中，习近平主席指出："我们要坚定不移践行多边主义。团结合作是抗击疫情最有力的武器。中方愿同非方一道，维护以联合国为核心的全球治理体系，支持世卫组织为全球抗疫作出更大贡献。我们反对将疫情政治化、病毒标签化，反对种族歧视和意识形态偏见，坚定捍卫国际公平正义。"

人类生活在同一个地球村，各国相互依存、命运与共，越来越成为你中有我、我中有你的命运共同体。推动构建人类命运共同体是人类应对共同挑战的中国主张和中国方案。这一主张已被多次写入联合国文件，得到国际社会的欢迎和认可。处在相互关联的世界中，重大传染性疾病不管发生在哪个地方，都会对整个人类社会带来威胁。应对新冠疫情这样的重大

传染性疾病，需要各国一起商量着办，加强信息共享，开展联防联控，集各国之力加快药物、疫苗、检测等方面科研攻关。联合国、世界卫生组织、二十国集团、东盟和中日韩等多边主义组织在疫情信息共享、协调各国抗疫行动、援助卫生体系薄弱国家等方面发挥着重要作用。疫情面前，人类社会需要的是携手合作而不是单边行动，是共担责任而不是一意孤行，是互帮互助而不是相互掣肘。

习近平主席在向中国—阿拉伯国家政党对话会特别会议所致贺信中强调："此次疫情再次表明，人类是休戚与共的命运共同体。"应对不分国界和种族的疫情，单靠一个国家或几个国家的力量是不够的，唯有站在人类命运共同体的高度携手抗疫、共克时艰，才能有效遏制疫情。在全球抗击疫情的重要时刻，人类命运共同体理念愈发显现其对维护促进整个人类生存发展的重大价值和意义，各国在与疫情的艰苦斗争中越来越意识到彼此相互联结和依存，人类命运共同体理念更加深入人心。

三、 继续推动全球治理体系变革和完善

此次疫情暴露了全球治理体系中的一些短板。越来越多的国家深刻感受到非传统安全威胁的现实性和严峻性，进一步认识到零和博弈的思维和做法并不能解决当前面临的挑战。因而，国际社会需要努力化危为机，以全球公共卫生治理机制建设为契机，加快全球治理体系变革和完善。国际社会需要在应对恐怖主义、网络安全、重大传染性疾病、气候变化等非传统安全威胁方面共同努力，不断创新国际治理机制，使之更好地服务于处理当前和未来的全球事务。

疫情面前，我们积极支持相关国际组织发挥作用，继续用好各种国际组织平台，加强信息共享、经验交流、技术合作、政策协同，为全球抗击疫情作出贡献。国际峰会和元首外交机制的作用越来越突出。随着交通和通信的便捷化，这一机制在 20 世纪末 21 世纪初不断发展。当前，全球事务的增多和疫情的特殊情况又催生了元首视频外交，这对于国际关系和全球

治理具有创新意义。另外，由于疫情与每个人的生命安全和身体健康密切相关，在政府和非政府组织的渠道之外，世界各国民众借助即时通信工具直接交流，形成了不同国家民众之间交流的新形式。由此可见，外交活动形式正在发生机制性变化，未来国际关系的行为主体将会更加多样。

中国共产党和中国政府始终把人民生命安全和身体健康摆在第一位，打响了一场抗击疫情的人民战争、总体战、阻击战。经过艰苦卓绝努力，付出巨大代价，我国疫情防控阻击战取得重大战略成果，但仍需持续抓好外防输入、内防反弹工作。中国在抗击疫情的艰难时刻得到许多国家和人民的支援，中国也积极回报国际社会，对许多国家提供力所能及的帮助。中国长期坚持的合作理念在此次疫情防控中得到充分展现，倡导并践行的正确义利观也获得国际社会赞誉。中国与世界不同国家团结合作、共同抗击疫情的行动，丰富了当代国际关系的内涵，揭示了国际社会的前进方向。

人类社会往往是在曲折中前进的，建设更加公正合理的国际治理机制依然任重道远。在此次全球抗击疫情中，同舟共济、团结合作成为国际社会主流。但也有一些国家对国际合作人为设置障碍和壁垒，并在疫情问题上搞污名化和政治化操作。对此，许多国家、国际组织和国际人士纷纷呼吁，国际社会要共同防止歧视、污名化做法。从发展的眼光看，国际社会在抗击疫情中凝聚的宝贵共识和合作行动，是构建人类命运共同体的重要思想资源和实践。风险和挑战总会伴随人类社会前行的步伐，世界会在一次次应对挑战中加强合作，全球治理体系也会在不断回应时代需求中更加完善。只要各国共同携手、共建人类命运共同体，就一定能够开创人类文明更加美好的未来。

当代国际体系的渐变和嬗变
——基于两个三十年的比较与思考*

当前,百年变局和世纪疫情相叠加,世界处于动荡变革期,国际体系处于新旧交替和质变飞跃的过渡期。在此关键时期,国际社会对"国际体系""国际秩序""全球治理体系"等有关概念[1]的定义虽然各不相同,但是在现实使用中这些概念的界限并不明晰。例如,习近平主席指出:"世界只有一个体系,就是以联合国为核心的国际体系。只有一个秩序,就是以国际法为基础的国际秩序。只有一套规则,就是以联合国宪章宗旨和原则为基础的国际关系基本准则。"[2]又如,基辛格认为:"世界秩序反映了一个地区或一种文明对它认为放之四海而皆准的公正安排和实力分布的本质所持的理念。国际秩序是指在世界上很大一部分地区——大到足以影响全球均势——应用这些理念。"[3]俄罗斯总统普京提出,冷战后西方主导的世界秩序已经失败,全球平衡正在恢复,新的国际秩序必须以遵守国际法为基础。"建立单极世界的尝试显然已经失败了,我们已经生活在不同的时代,必须尊重别人的利益,同时也要捍卫自己的利益。"[4]

---

* 原文载《国际展望》2022 年第 1 期,第 1—18 页。

[1] 为行文方便,本文以"国际体系/秩序"来综合表述"世界体系/秩序""全球体系/秩序""国际体系/秩序"等。

[2] 习近平:《坚定信心共克时艰 共建更加美好的世界——在第七十六届联合国大会一般性辩论上的讲话》,载《人民日报》2021 年 9 月 22 日第 2 版。

[3] [美]亨利·基辛格:《世界秩序》,胡利平等译,北京:中信出版社 2015 年版,第XVIII页。

[4] Europe Renaissance, "Putin Says the New World Order Has Flopped", March 7, 2021, https://europerenaissance.com/2021/03/07/putin-says-the-new-world-order-has-flopped/.

在冷战结束的三十年里，国际体系终结了美苏主导的雅尔塔体系，但又在相当程度上延续和发展了第二次世界大战（简称"二战"）后国际体系的一些主要框架，处于突变后的长期渐变过程中。未来三十年，国际体系将可能从后冷战转型时期进入新体系最终定型时期。这一进程大体上与中国的第二个百年奋斗目标同步推进，届时国际体系将完全结束自近代以来以欧美为中心和由其主导的局面，世界将开启东西方力量相对平衡和世界多极化基本稳定的新时期，国际社会建设新体系的历史进程将朝新型国际关系和人类命运共同体迈出更坚实的步伐。

一、 冷战结束后三十年国际体系转型的启示

在过去数百年的国际体系演变中，冷战结束后的国际体系变化是唯一没有通过大规模战争和重要国际会议而实现的，而且如果国际社会应对得当，这一体系还可能开启未来国际体系的和平过渡进程。

（一）国际社会的不同认识和曲折经历

冷战结束宣告了美苏主导的两极体系的解体，目前世界仍在"后冷战体系"和"前多极体系"之间探索和徘徊，以期经过过渡阶段，进入基本明确和相对稳定的新体系。

第一，美国从主导者的得意到当前的失落。从二战后到冷战结束初期，美国始终是国际体系的主导者，而且其仍希望领导世界一百年。但是，美国在二战后七十多年始终奉行霸权主义且穷兵黩武，在政治上站在广大中小国家和发展中国家的对立面，在战争中消耗了大量本来可以用于国计民生的资源，最终站在了由其主导的国际体系的对立面。美国为了维持其主导地位，先后祭起单边主义、排他性多边主义的旗帜，推行由少数国家制定的规则。欧洲对外关系委员会主任马克·伦纳德（Mark Leonard）指出："为了领先一步，一些西方国家政府已经开始反思基于规则的秩序的形式。……拜登政府从支持全球体制转向谋划一种由民主国家构成的基

于规则的新秩序。美国2021年主办的'世界民主峰会'可被视为此种新秩序得以运作的典型。"[1]美国以"民主对专制"为由炮制的"四国集团"和"五眼联盟"等组织机制也是重要体现。需要指出的是，美国的相关国家战略和政策举措不仅不能使其与时俱进，而且还在很大程度上阻碍了新的国际体系的形成和发展。

第二，俄罗斯从最初的一再退让到当前的以攻为守。冷战结束后，俄罗斯在国际体系中的地位经历了断崖式下降。2000年普京入主克里姆林宫后力图重振大国雄风并提高俄罗斯在国际体系中的地位。一方面，俄罗斯认为当前国际体系具有多极或多中心特征；另一方面，俄罗斯认为国际体系仍由大国主导，即少数能够真正按自身意志行事的国家，如美国、中国和俄罗斯，以及在特定领域具有显著影响力的国家，如德国、法国、印度、巴西等。

第三，欧洲国家从最初的倚靠美国转向部分战略自主。冷战结束后，欧盟和北约推进东扩，提升了欧洲国家在国际体系中的地位和作用，但其独立性因在安全和战略上倚靠美国而受到制约。进入21世纪后，随着美国霸权的相对衰落，欧盟的自主意识增强。自2016年起酝酿、推出且不断强调"欧洲战略自主"概念，希望以此提升欧洲国家在国际事务中的独立性与影响力。欧盟在《2021年战略展望报告：欧盟行动的能力与自由》中再次强调了其"作为多极世界中相互联系的全球一极，……在通往2050年的道路上迈向开放战略自主目标的长期愿景"[2]。

第四，许多非西方国家从最初的随波逐流到当前的自主选择。在冷战结束后的十多年中，一些独联体国家和中亚地区发生了"颜色革命"，一些非洲国家转向多党政体，一些中东国家爆发了"阿拉伯之春"。最初，这些

---

[1] Mark Leonard, "Beijing Becomes a Rising Star in the Global Rule-maker Race", *The Japan Times*, January 13, 2022, https://www.japantimes.co.jp/opinion/2022/01/13/commentary/world-commentary/international-rule-making/.

[2] European Commission, "2021 Strategic Foresight Report: The EU's Capacity and Freedom to Act", https://ec.europa.eu/info/sites/default/files/strategic_foresight_report_2021_en.pdf.

国家在国际体系中唯以美国为首的西方马首是瞻，但是越来越多的国家在经过一二十年的转型后逐渐醒悟，开始谋求团结或联合自强，正在实现从大国外交的工具转变为具有一定话语权的国际体系参与者，并通过多边主义和多边组织等推进体系变革。

第五，中国从最初的中流砥柱到当前的引领潮流。冷战结束初期，美国老布什政府意欲以"世界新秩序"一统以美国为首的西方的天下。然而，中国在社会主义陷入低谷时"乱云飞渡仍从容"。邓小平同志坚信："只要中国不垮，世界上就有五分之一的人口在坚持社会主义。我们对社会主义的前途充满信心。"[1]而且，"中国特色社会主义道路、理论、制度、文化不断发展，拓展了发展中国家走向现代化的途径，给世界上那些既希望加快发展又希望保持自身独立性的国家和民族提供了全新选择，为解决人类问题贡献了中国智慧和中国方案"[2]。

（二）国际社会的共同努力和时代进步

在国际体系转型之际，国际社会作为一个整体也在扶正祛邪中不断促进国际体系朝着更加公正、合理的方向发展。

第一，积极推动主要国际力量对比的相对平衡，维护国际格局的基本稳定。百年未有之大变局的最大特征就是以中国为代表的新兴市场国家和发展中国家的群体性崛起，这从根本上改变了国际力量对比，并正在改变西方世界自工业革命以来在国际政治经济格局中长期占据主导地位的局面。[3]真正实现国际力量对比的相对平衡和基本稳定，虽然还需要国际社会的长期不懈努力，但其已经迈出了坚实的步伐。

第二，努力应对全球性挑战和世界性难题。在过去的三十年中，国际

---

[1] 邓小平：《改革开放政策稳定，中国大有希望》，载《邓小平文选（第三卷）》，北京：人民出版社1993年版，第321页。

[2] 习近平：《决胜全面建成小康社会，夺取新时代中国特色社会主义伟大胜利》，载《习近平谈治国理政（第三卷）》，北京：外文出版社2020年版，第8—9页。

[3] 参见中华人民共和国国务院新闻办公室：《新时代的中国与世界》（白皮书），2019年9月27日，http://www.scio.gov.cn/zfbps/ndhf/39911/Document/1665428/1665428.htm。

社会保持了总体安全，既共同应对了 2001 年的恐怖主义威胁，也以应对 2008 年全球金融危机为契机促进了全球经济和金融治理。在发展方面，三十年的世界经济增长保障了人类社会的基本物质需求，从而使其全面发展成为可能。国际社会共同推进了联合国千年发展目标、《2030 年可持续发展议程》、气候变化《巴黎协定》。此外，科技进步迅速，在政治经济发展基础上促进科技创新和应用，世界正在互联网基础上走进数字化和人工智能时代。

第三，倡导新的国际政治文化和理念。越来越多的非西方国家在批判过时的国际关系理论。多种社会思潮叠加既冲击了国际社会，又赋予了多边主义和生态绿色发展新的时代意义。2014 年 5 月，中国在亚信上海峰会上提出了新安全观。2016 年 9 月，中国在二十国集团（G20）杭州峰会上"运用议题和议程设置主动权……引导峰会形成一系列具有开创性、引领性、机制性的成果，实现了为世界经济指明方向、为全球增长提供动力、为国际合作筑牢根基的总体目标"[1]。一些发展中国家和地区提出了新的中长期发展愿景，如非盟的《2063 年议程》、2019 年的东盟轮值主席国泰国提出的"推进可持续发展的伙伴关系"主题。一些西方国家也开始接受中国和非西方国家崛起的现实。例如，新当选的德国总理朔尔茨于 2021 年 12 月 15 日在联邦议院发布上任后首份政府报告，呼吁对中国采取务实态度，强调中国是德国重要的经济伙伴，德国的对华政策必须建立在了解真实的中国基础上。[2]又如，欧盟的《2021 年战略展望报告：欧盟行动的能力与自由》指出："未来数十年，国际权力结构重塑将日益加速，地缘经济中心继续'东移'。"[3]

---

[1] 习近平：《提高我国参与全球治理的能力》，载《习近平谈治国理政（第二卷）》，北京：外文出版社 2017 年版，第 449 页。

[2] 《德国总理朔尔茨：将与中国在气候、疫情等领域携手合作》，中国新闻网，2021 年 12 月 16 日，http://www-chinanews-com-cn.vpn.sdnu.edu.cn/gj/2021/12-16/9631054.shtml。

[3] European Commission，"2021 Strategic Foresight Report：The EU's Capacity and Freedom to Act"，https://ec.europa.eu/info/sites/default/files/strategic_foresight_report_2021_en.pdf。

（三）国际社会面临的共同挑战和共同议程

在冷战结束三十年以来的国际体系转型中，国际社会作为一个整体正面临诸多挑战，需要国际社会共同努力才能有效应对。

第一，国际社会在和平过渡进程中步履维艰。冷战结束以来，国际体系的演变经历了"单超独霸""一超多强"以及"两强四方"（中、美和中、俄、美、欧）三个阶段。美国在"单超独霸"时期（老布什政府和克林顿政府第一任期），发动了海湾战争；在"一超多强"时期（克林顿政府第二任期和小布什政府时期），绕开联合国发动了科索沃战争和伊拉克战争；在"两强四方"时期（奥巴马政府时期），进行了利比亚战争，等等。而且，各个阶段都伴随着世界主要力量对比的变化和国际局势的动荡，特别是作为多边体系的主体联合国受到了相当程度的冲击。因此，反对霸权主义的战争行径、维护世界和平稳定、保障国际体系的有效性成为转型期三个阶段的共同特点。

第二，国际体系面临着新议题、新机制和新行为体等变化带来的严峻挑战。冷战结束以来，现有国际体系在面临层出不穷和日趋严峻的时代性、全球性挑战时，日益暴露出滞后性等各种不足。在议题领域方面，国际体系不仅难以应对外交、政治和安全等传统安全挑战，而且也难以应对诸如恐怖主义、经济社会可持续发展、气候变化、金融危机等非传统安全挑战。另外，与议题领域挑战的紧迫性相比，机制建设的滞后性更加突出。现有体系的机制既不能解决长期困扰国际社会的冲突和战乱等传统议题，也不能在应对非传统议题中形成权威、稳定的机制，作用递减的二十国集团和受到特朗普政府"退群"影响的《巴黎协定》就是例证。[1]此外，日益多元化的行为体也对现有国际体系提出更多诉求。大国关系更加复杂、矛盾加剧，美国将中国和俄罗斯视为主要威胁则加重了大国的对抗，并降低了

---

[1] 孙吉胜：《全球治理体系变革的中国贡献》，载《当代中国与世界》2021年第4期，第47—57页。

协调的可能。[1]广大发展中国家的群体性崛起和大量非国家行为体的参与使国际体系增加了决策过程的时间和难度。

第三，国际体系在凝聚国际共识方面面临的挑战。国际社会在百年巨变和新冠疫情交织叠加的背景下，在需要什么样的全球治理体系以及如何建设全球治理体系上存在认识差异，有些差异还是原则性和战略性的。

其一，关于形成价值观共识的挑战。国际社会在价值观和意识形态等方面的争议实质上是维护还是改变以美国为首的西方的政治霸权的问题。就国际体系的价值观而言，西方国家自二战以来始终占据国际体系的主导地位，但其在非西方力量的不断冲击下日趋式微。七十多年来，非西方对西方主动发起过三次大的冲击。一是二战结束初期，社会主义的价值观借助当时的民族解放思潮在国际社会独树一帜；二是在20世纪七八十年代，第三世界价值观在国际经济新秩序问题上体现了针对西方的道义拷问和机制改革；三是自2008年全球金融危机以来，发展中国家在要求改革国际体系时，凭借其经济实力和世界公平正义的价值观推动了西方在物质和意识形态上的衰落。纵观历史，国际社会历经两次世界大战的巨大牺牲和苦难才在二战后国际体系的主要价值观上形成基本共识。因此，当代国际社会仍需要在长期磨合的进程中才能逐步在全球治理体系的价值观上达成基本共识。在此基础上，中国从2015年开始倡导世界共同价值观，习近平主席多次在重大场合上强调"和平、发展、公平、正义、民主、自由的全人类共同价值"[2]。

其二，关于形成多边主义共识的挑战。冷战结束以来，国际体系多次面临来自美国的单边主义干扰和破坏。20世纪90年代是美国单边主义的试探期，克林顿政府虽然声称坚持多边主义，但在实际行动中（如科索沃问题）则甩开联合国而自行其是。21世纪第一个十年是美国单边主义的生长

---

[1] 袁鹏：《新冠疫情与百年变局》，载《现代国际关系》2020年第5期，第1—6页。
[2] 参见《习近平2021年7月1日在庆祝中国共产党成立100周年大会上的讲话》，载《人民日报》2021年7月2日第2版。

期，小布什政府自恃其唯一超级大国地位，或退出重要多边机制或单方面发动对外战争。2017年美国开始大肆推行单边主义政策，先是特朗普执政时期推行"美国优先"政策，在国际多边机制中屡屡"退群"；后是拜登政府推行排他性的多边主义，名义上是要加强基于规则的国际体系，实则是要维护美国霸权的小团体主义。美国政府的政策和行动极大地增加了国际社会在多边主义上达成共识的难度。

其三，关于体系建设途径的挑战。新的国际体系建设的不同路径实质上体现了当代国际社会不同的世界观和体系观，因此需要相当长时期的谈判与磨合，有时甚至还需要激烈的斗争和对抗。国际社会在改革和建设国际体系方面的分歧主要表现在两个方面。一方面，在如何看待现有体系问题上，多数发展中国家和欧洲国家坚持以联合国为核心，它们虽然在联合国安理会改革等问题上存在不同意见，但在维护联合国核心地位等关键问题上的基本立场是一致的。非盟在2017年10月31日发表的《关于新兴全球秩序、多边主义和非洲的恩贾梅纳宣言》中"重申了联合国在应对国际社会面临的多重挑战时作为合法、有效、包容性多边主义全球论坛的首要地位。……强调了非盟和联合国之间建立强有力战略伙伴关系的重要性，以推动双方合作，促进非洲大陆的和平、安全和稳定"[1]。2020年1月30日，东盟秘书长林玉辉撰文指出："东盟将以实际行动诠释对《联合国宪章》的承诺，践行多边主义，共同维护以联合国为核心的国际体系。东盟认为，联合国仍然是寻求国际合作与对话、应对世界上最紧迫挑战的最重要平台。"[2]欧盟外交与安全政策高级代表何塞普·博雷利也公开撰文指出："当前的国际形势是以联合国为核心的多边体系正遭受前所未有的挑

---

[1] African Union, "N'djamena Declaration on the Emerging Global Order, Multilateralism and Africa", October 31, 2017, https://www.peaceau.org/uploads/draft-decalaration-rev-25-10-17-1.pdf.

[2] Dato Lim Jock Hoi, "Community Building in ASEAN: Taking Stock and Looking Ahead", *ASEAN Political-security Community Outlook*, Vol.3, No.1, 2021, https://asean.org/wp-content/uploads/2021/08/APSC-Outlook-Vol3-2021-No-1-To-be-uploaded.pdf.

战，而此刻正是我们最需要它的时候。"[1]美国的立场则与此大相径庭，其坚持以美国为中心和领导的国际体系，对于现有体系的主要机制和规范经常采取利己主义、实用主义和单边主义的态度，合则用、不合则弃。2021年3月3日，拜登政府在关于美国国家安全战略的指导性文件《临时国家安全战略方针》中宣称："美国不可能简单地恢复过去的秩序。这也提供了一个机会，美国需要采取大胆举措，以新的方式将志同道合的国家和有影响力的非国家行为体聚集在一起。……美国在强有力的民主联盟、伙伴关系、多边机构和规则的基础之上，领导和维护稳定和开放的国际体系。"[2]另一方面，在如何改革和建设体系方面，广大发展中国家强调应当考虑历史因素和现实需要，提高其规则制定权和话语权，从而有利于建设更加公正合理的新体系。但是，美国及其主要盟国则强调以西方意识形态为主导，以其确定的规则界定国际秩序，以其利益决定体系的发展方向。

二、 未来三十年国际体系的发展方向

国际社会对东西方综合实力在未来三十年朝着相对平衡方向发展的大趋势有基本共识，但对于如何反应、解读和应对则有较大的差异。在世界主要大国中，只有美国拒绝公开承认这一历史趋势，但其实际上也有所担忧。例如，2021年3月，美国国家情报委员会发布《全球趋势报告2040：一个竞争更为激烈的世界》，指出："未来二十年，国际体系中的权力来源将进一步演变。……没有一个国家能在所有地区或领域占据主导地位，各类行为体将依据自身利益，竞相塑造国际体系。"[3]

---

[1] Josep Borrell, "The EU Stands with the UN", *Project Syndicate*, September 20, 2020, https://www. project-syndicate. org/commentary/european-union-stands-with-united-nations-by-josep-borrell-2020-09?barrier = accesspaylog.

[2] White House, "Interim National Security Strategic Guidance", March 2021, https://www.whitehouse.gov/wp-content/uploads/2021/03/NSC-1v2.pdf.

[3] National Intelligence Council, "Global Trends 2040: A More Contested World", March 2021, https://www.dni.gov/index.php/gt2040-home/emerging-dynamics/international-dynamics.

（一）国际社会的主要愿景

鉴于当前新的国际体系尚处于量变积累和思想酝酿阶段，关于它的愿景和设想往往通过批评现行国际体系而得到体现，但随着时间的推移和任务的明确，新的国际体系轮廓将会逐步显现和不断细化。国际社会对于新的国际体系的愿景反映了大多数国家和人民对于公平、正义和美好生活的向往，虽然只是一种愿景，但对于新的体系建设具有非常重要的启迪意义。

第一，能够务实、有效应对全球性挑战。急事先办是国际关系和全球事务的关注重点，也是各国政府和国际组织的首要任务。国际社会在谋划新的国际体系时，大多希望其能有效应对和解决当前最为迫切的实际问题。

第二，能够在指导原则上形成共识。国际社会多数成员认为，新的国际体系应当延续和发展《联合国宪章》的基本原则，如主权平等、和平解决争端、不干涉内政。此外，还要根据形势发展的需要确立新的原则，如在生态文明、公共卫生、科技伦理和法规等方面达成新的共识。

第三，能够建立并推进新的机制建设。新的国际体系既要发挥和加强现有机制的作用，又要在此基础上加强应对气候变化、科技发展和社会进步等新挑战的机制建设。

第四，进一步提高生活质量和创造美好生活。国际社会的多数成员均希望新的体系能够促进全球发展议程的各项目标的实现、缩小发展鸿沟和数字鸿沟、共同应对新冠疫情等公共卫生危机，并为全面提高世界人民生活水平而作出积极贡献。

（二）体系建设的实际行动纲领

建设公正、合理、有效的国际体系的愿景与现实之间毕竟存在差距，而缩小这一差距在很大程度上取决于国际社会的共识和努力，在当前阶段，重点在于形成体系建设的实际规划和行动纲领。

第一，全球层面的原则和机制。在总体原则方面，《联合国宪章》的原则需要与时俱进。一方面，要防止西方提出的"人权高于主权"等成为主导原则；另一方面，则要提升非西方倡导的新安全观和新发展观的地位。在国际机制方面，需要补齐短板和改进不足，如加强国际安全机制和数字经济领域的相关治理规则等。在议题方面，重点应放在国际社会大多数成员关心的问题及代表未来发展方向的问题。

第二，区域层面的内向聚合和外向融合。区域性合作机制在当代国际体系中的作用和地位不断上升。在全球化进程相对顺利时，区域性机制是其必然的延伸；而在全球化面临困难和挫折时，区域性机制又是全球性机制的"侦察兵"和"预备队"。此外，区域性机制也是拓展国家间合作关系的重要平台，但需要指出的是，目前区域性机制的发展反映了两种不同的取向。例如，由东盟国家发起的《区域全面经济伙伴关系协定》（RCEP）以及一些发展中地区的合作顺应了历史发展的潮流，而美国推进的印太"四国集团"则显然是逆势而动。

第三，非国家行为体的新作用和新要求。当代国际体系的行为体具有多元化、多样化和分散化的特点。除了传统的国家行为体外，增加了许多非国家行为体，如欧盟、东盟等超国家行为体，也包括各种社会团体、特定领域的非政府组织、秘密组织等非国家行为体。未来三十年，随着数字技术的发展，很可能将出现虚拟行为体，如何应对新问题是国际体系面临的新挑战。

（三）在需要和可能之间综合平衡

新的国际体系建设是一项宏伟和长期的系统工程，在现有条件下很可能是边设计、边建设，并在变化中调整规划，在需要和可能之间实现动态平衡。

一方面，要加强历史纵深观并拓展全球视野。拉长历史和战略时段往往能够深化认识和开拓思路。一些具有悠久历史的国家的体系观往往强调时间的跨度，一些地域广袤的国家则强调地区和世界的视野。为此，我们应鼓励学者的多视角研究和不同观点，以期达到博采众长的效果。例如，英国学者巴里·布赞和理查德·利特尔从超越威斯特伐利亚体系的历史视角和更广的地理范围上研究国际关系。[1]中国学者赵汀阳则提出新天下体系，即让世界成为政治主体的世界体系，是以世界为整体政治单位的共在秩序。从天下去理解世界，就是以整个世界作为思考单位去分析问题，从而超越现代民族国家的思维。[2]

另一方面，现阶段要加强多边主义的理论建设和实践。当前，中国和大多数国家倡导的多边主义日益深入人心，而美国推行的单边主义或团伙式的多边主义则难以为继。因此，从发展趋势来看，基于多边主义的国际体系建设更符合时代潮流。国际社会的多数成员坚持和发展了多边主义，把国际关系中的一个方法提升为国际关系的重要原则，使之在国际体系建设中显示出新的实践成效和理论生命力。例如，2021 年 1 月 25 日，习近平主席在北京以视频方式出席世界经济论坛"达沃斯议程"对话会并发表特别致辞。次日，时任德国总理默克尔在该论坛发表讲话时表示，在全球化时代，"我们必须选择多边主义的道路，孤立主义无法解决问题"。在随后的问答环节中，默克尔强调自己支持中国倡导的多边主义。她说："中国领导人昨天发表了讲话，我和他在支持多边主义方面的想法是一致的。"[3]

三、 中国国际体系的理论建设和战略运筹

二战结束以来，中国经历了从当时两极体系的组成部分到反对力量的转变，并逐步过渡到现行体系的获益者、维护者和改革者。中国在 2008 年开启了国际体系建设的新进程，党的十八大以后加强了这方面的实践探索并不断进行理念创新和理论体系构建。

---

[1] [英]巴里·布赞、理查德·利特尔：《世界历史中的国际体系》，刘德斌译，北京：高等教育出版社 2004 年版。

[2] 赵汀阳：《天下观与新天下体系》，载《中央社会主义学院学报》2019 年第 2 期，第 70 页。

[3] 《德国总理默克尔：支持中国提倡的多边主义 拒绝世界分裂》，人民网，2021 年 1 月 28 日，http://world.people.com.cn/n1/2021/0128/c1002-32015460.html。

（一）中国基于实际和实践的理论建设

未来三十年，中国在逐步走近世界舞台中央的历史进程中将对世界作出更大贡献，在此基础上，中国也将对新国际体系的理论建设作出更大贡献。

第一，国际主要矛盾的界定和应对。中国国内社会的主要矛盾已经转化为人民日益增长的美好生活的需要和不平衡、不充分的发展之间的矛盾。那么，当前国际社会的主要矛盾又是什么呢？这是一个更加复杂的问题。而且在许多情况下，中国还不具备解决相关问题的能力，因而需要确定阶段性主要矛盾和矛盾的主要方面。国际社会在面临百年巨变和重大转折的历史时期，需要科学界定未来三十年国际社会的主要矛盾，充分认识其主要特点并有效应对。首先，科学界定国际社会共同面临的主要矛盾。尽管国际社会不同国家的发展阶段及其任务不尽相同，但大多面临在政治独立和经济发展之后的历史性任务，即解决各自的发展问题和国际社会的共同挑战，对公平正义的普遍需求和供给的相对不足将越来越成为国际社会发展的主要矛盾。其次，国际社会需要逐步认识这一主要矛盾的特点。公平正义的需求和供给不足之间的矛盾正在不断显现，国际社会对此需要深化认识，并不断总结其特点。从目前来看，全球性、普遍性、溢出性和紧迫性是其主要特点。最后，应对国际社会主要矛盾的重点在于抓住主要矛盾的主要方面，即增加公平正义的有效供给。这方面的供给越来越多地来自以新兴国家为代表的非西方国家群体，即发展中国家。从整个人类社会向着更加进步和更高阶段发展来看，公平正义的目标和方向意义将更加突出。

第二，回答当前和未来的时代命题。认识国际社会的主要矛盾和主要方面是回答未来三十年时代命题的基础。习近平主席指出："我们坚信，和平与发展是当今时代的主题，也是时代的命题，需要国际社会以团结、智慧、勇气，扛起历史责任，解答时代命题，展现时代担当。……面对时代命题，中国将积极参与全球治理，秉持共商共建共享全球治理观。中国始终是世界和平的建设者、全球发展的贡献者、国际秩序的维护者，支持扩大发展中国家在国际事务中的代表性和发言权，支持补强全球治理体系中的南方短板，支持汇聚南南合作的力量，推动全球治理体系更加平衡地反映大多数国家特别是发展中国家的意愿和利益。"[1]中国在解决时代命题的实践中积累经验、提升理性认识水平，并不断充实时代主题的内涵，如持续和平与高质量发展。

第三，国际体系理论的与时俱进。中国在规划和建设未来国际体系时怀有强烈的使命感。首先，要强调符合时代发展的理论意识。习近平总书记指出："国际社会普遍认为，全球治理体制变革正处在历史转折点。国际力量对比发生深刻变化，新兴市场国家和一大批发展中国家快速发展，国际影响力不断增强，是近代以来国际力量对比中最具革命性的变化。"[2]其次，要推动全球治理理念创新发展。党的十八大以来，我们提出践行正确义利观，推动构建以合作共赢为核心的新型国际关系、打造人类命运共同体，打造遍布全球的伙伴关系网络，倡导共同、综合、合作、可持续的安全观，等等。近年来，习近平主席在国际上大力倡导人类共同价值观和共同发展思想。此外，中国关于国际体系的理念还蕴含着人类一切优秀文化的元素，如赞同伊斯兰教核心价值观中的注重协调与崇尚和平、平等、中正。[3]

（二）国际体系改革的基本架构设想

面向未来，中国不仅提出了改革国际体系的指导原则，而且还力图勾勒其基本架构，以便在未来的实践中推动和改进。第一，全球性组织机制。在综合性组织机制方面，最根本的任务是在维护以联合国为核心的国际体系的同时，进行与时俱进的拓展、升级和改革，如增设社会进步机构、提

---

［1］习近平：《携手共命运　同心促发展》——在二〇一八年中非合作论坛北京峰会开幕式上的主旨讲话》（2018 年 9 月 3 日，北京），载《人民日报》2018 年 9 月 4 日第 2 版。

［2］《习近平在中共中央政治局第二十七次集体学习时强调　推动全球治理体制更加公正　更加合理　为我国发展和世界和平创造有利条件》，载《人民日报》2015 年 10 月 13 日第 1 版。

［3］刘中民：《伊斯兰的国际体系观——传统理念、当代体现及现实困境》，载《世界经济与政治》2014 年第 5 期，第 4—32 页。

升联合国《2030年可持续发展议程》的执行能力和推进安理会改革等。在领域性组织机制方面，不仅要继续巩固和发展全球经济治理领域的改革成果，发挥二十国集团、亚洲基础设施投资银行、金砖国家新开发银行等的预期作用，而且要加大在公共卫生和科技等领域的组织机制创新，从而更加有效地应对未来的新挑战和新问题。

第二，区域性组织机制。在国际体系的组织机制中，区域和跨区域的作用将会有更大的提升。在未来三十年甚至更长的时间内，中国很可能作出三方面的努力。一是经略和发展中国倡导的区域和跨区域组织机制，重点应是"一带一路"合作机制。二是巩固和加强中国参与的主要区域性组织机制，如亚太经济合作组织、上海合作组织以及中国和发展中地区的合作机制（如中非合作和中拉合作机制）等。三是不断探索和倡导新的区域性和跨区域组织机制，在填补空白或补齐短板方面，高新科技合作和安全合作机制很可能在议事日程中具有优先性。

第三，规范、规则和法律。中国在推动新的国际体系建设方面需强调协调各类行为体的规范、规则和法律等。在规范方面，进一步确立明文规定或约定俗成的道德、议事和行为标准等，特别是讨论和确立国际关系和全球事务在新领域和新问题上的道德和伦理标准，例如，有关脱贫、共同富裕和生活质量等方面的高标准。在规则方面，各类行为体特别是国际行为体需要共同协商、确定和遵守各种条例和章程，并以此保障国际体系的有序和有效运行。在国际法方面，各主权国家及其他实体需要共同制定和执行具有权威性和约束性的法律法规，特别是在未来三十年内建立和完善有关新公域、气候变化、公共卫生和高新科技等方面的国际法及其执行机制。

（三）中国的长期考虑和阶段任务

无论是从传统文化还是从现行制度来看，中国都强调长期考虑、顶层设计、战略部署和阶段性任务。对于未来三十年甚至更长时间内的全球治理体系发展这一问题，更要集聚全党、全军、全民的力量和智慧，进行创新探索和不懈努力。

第一，要做好未来三十年国家层面和国际层面的对接工作。党的十九大把国内未来三十年发展分为两个阶段，第一阶段（2020 年到 2035 年）要在全面建成小康社会的基础上，再奋斗十五年，基本实现社会主义现代化。第二阶段（2035 年到本世纪中叶）要在基本实现现代化的基础上，再奋斗十五年，把我国建成富强民主文明和谐美丽的社会主义现代化强国。国际关系和全球事务发展的变量和变数要远远超过中国一国，但我们还要努力在科学、客观展望形势发展的基础上，努力统筹国内国际两个大局。对于中国国际关系学界的专家学者来说，设想和讨论未来三十年甚至更长时间的国际体系更是我们的使命所在。

第一阶段的十五年，中国需要继续发展经济和增强科技创新能力，以持续增长的综合国力努力营造更加有利的国际环境，实现大国关系的相对平衡和基本稳定，发展各类合作或战略伙伴关系，有重点地推进全球和地区多边合作机制，高质量地实现"一带一路"倡议的目标，大力推进人类命运共同体的建设。在此基础上，降低美国等西方国家对华政策的负面影响，更有效地维护国家核心利益，推动祖国实现完全统一的伟大事业。在国际体系建设方面，中国要在指导原则、理念理论、组织机制和实际运作等方面提出具体方案，并与国际社会共同商讨及努力争取"早期收获"。加大国际组织的复合型人才培养，做好第一阶段和第二阶段顶尖人才的培养和衔接工作。为此，中国国际关系学界要加强中国特色大国外交的理论研究和实践探索，加强有关学科建设。

第二阶段的十五年，中国基本营造起全面友好型国际环境，增强在国际关系和全球事务中的指导和引导作用，实现大国关系顺应历史潮流的动态平衡，壮大发展中大国和发展中国家两大群体力量，继续推进世界的公正、共同富裕进程，实现中华民族的伟大复兴和祖国的完全统一。在全球治理体系建设方面，中国取得与自身大国地位相称的思想理论、原则规范的引领性地位和相应的规制权和话语权，主导应对和解决主要全球性挑战，引领人类社会和平、公正、发展、共同富裕的新潮流，使人类命运共同体建设取得实质性进展。第二，中国国际关系学界需要在丰富的实践经验、扎实的理论研究和不断创新的专业知识基础上加大对新的国际体系的研究力度。首先，需要进行面向未来的历史研究和比较研究。习近平总书记强调，"历史研究是一切社会科学的基础"，研究工作者要"总结历史经验，揭示历史规律，把握历史趋势"[1]。要对古今中外的国际体系进行历史研究，通过比较不同历史时期的国际体系特点进而深刻认识其发展规律和历史趋势，吸取经验教训，增强自信，努力使新的国际体系顺应历史潮流并不断向前推进。

其次，基于实践的哲学思考和运用。关于新的国际体系的认识必然来自实践并接受实践的检验，中国国际关系学界要提高实践的自觉性并投身于当代国际体系的建设，同时要提高理论自觉，努力从马克思主义哲学的高度认识体系问题，以博大和包容的哲学思想为指导与国际社会不同成员进行交流，推动形成思想共识，通过不断求同存异和化异为同而逐步深化共同建构国际体系的哲学基础。

最后，以前瞻、敏感和创新思维设计新体系的路线图。学界在展望和设计新体系时应能够提出基本方向和总体思路，即在未来三十年多极化和多极格局的大趋势下提出新体系的框架轮廓。而且，学界要大胆思考和积极设计，不仅要有宏大的设想，更要有精细的具体设计，尤其是在经济、金融治理和高新科技治理领域。与此同时，学界还要在比较各种方案的基础上，提出务实管用、可供选择的方案。此外，体系设计和体系建设需要广泛和深入的国际交流，中国学界要在交流中发挥引领作用，使新的体系设计反映和顺应历史潮流，为世界的和平、发展、公正、共同富裕作出划时代的贡献。

四、结语

未来三十年国际形势和国际体系的发展，既有基本轨迹可循，又充满

---

[1]《习近平致信祝贺中国社会科学院中国历史研究院成立》，载《人民日报》2019 年 1 月 4 日第 1 版。

不确定、不稳定因素，因此我们需要在林林总总的表象下抓住问题的本质，坚决反对霸权主义，构建总体稳定、均衡发展的大国关系框架，促进世界的和平、发展、合作、共赢，彰显新的时代主题。

通过未来三十年的努力，国际社会将在多极格局基础上基本建成更加公正合理的国际体系。

第一，新体系将是对冷战时期两极霸权体系的否定，也将促使冷战后体系的演变实现质的飞跃，更是对逆势而动的"新冷战"的全面否定。在未来三十年中，发展中国家的群体性崛起使世界主要力量实现相对平衡从理想变为现实，南北双方在实现基本平等的基础上朝着更高水平发展，国际社会在应对传统安全和非传统安全叠加交织的挑战中维护并推进世界和平与发展。当然，历史总是在曲折中前进，其间必然会有逆流与回流。因此，国际社会特别是对国际体系建设具有重要影响的行为体需要在长期渐变中把握方向，在短期嬗变中坚持战略定力，真正做到"泰山崩于前而色不变，麋鹿兴于左而目不瞬"[1]，朝着既定目标推进。

第二，国际社会在构建人类命运共同体时要用好存量和扩大增量。二战结束以来，世界各国人民在七十多年的努力中积聚了许多积极和建设性的力量，最主要的存量是和平与发展的时代主题。未来三十年，世界将在高新科技革命、经济社会发展、治理能力和共同价值观等方面取得革命性进步，这将成为推动历史进步的积极因素，也是国际社会新的增量。国际社会的任务就是要承担当前的使命并推动历史的进步。

第三，应对新挑战和新议题是建设新体系的重要途径。新体系建设需要走出历史上的"世界大战决定论"，要通过非战争的战略博弈、外交谋略、条约谈判、多元合作等方式来确立。在此期间，有效应对时代挑战和新议题则是极其重要的途径。例如，世界各国通过多边谈判逐渐形成世界经济新格局；又如，国际社会通过共同应对气候变化建立了绿色发展新机制。同理，未来三十年的新体系必须积累无数次的"跬步"而"至千里"。

---

[1]（宋）苏洵：《权书·心术》。

第四，建设新体系需要提高前瞻性意识并提前谋划。在未来三十年，世界的变化无论在广度、深度还是烈度等方面都将会加速进行，其对新体系建设的目标、内涵、方式等将会提出更多、更高的要求。而且，体系建设相对于世界的变化存在相当的滞后性。为此，国际社会特别是代表时代前进方向的进步力量需要尽可能提高其预见性，提前设计相关的原则、规范、规则和体制机制等，从而尽可能减少体系发展存在的滞后性问题，增加其在经济金融、生态环境、高新科技、社会发展、军事安全等方面的主动性，提升国际社会在国际关系和全球事务中的主导权。

第五，未来三十年的历史观、大局观、角色观及其落地实施。七十多年来，中国共产党和中华人民共和国在国际体系方面经历了从反对者到参与者、维护者、改革者的历史进程，并将在未来三十年承担设计者、建设者和引领者的历史重任。为此，中国要在历史观和大局观的指导下，深刻认识和全面落实角色观，为新的国际体系建设发挥与中国国际地位相称的作用，真正为人类发展作出更大贡献。还需要指出的是，中国提出的历史观、大局观、角色观的发展、深化和实践不仅在国内，而且在国外，在不断克服艰难险阻和应对多重挑战中加强实践和理论自觉，使兼具"天下"和"天外"的新世界迎来更加光明的前景。

当前国际格局变化的特点和全球治理体系建设的方向 *

一、引言

自进入 21 世纪以来，国际格局（世界主要力量对比）在既有轨迹上加速演变，世界正在进入从多极化趋势向多极格局确立的关键转折期。不断涌现的新议题彰显着国际格局的重大变化。新冠疫情已经成为当前全球事务中最为紧迫、影响最大的关键议题，并衍生出诸如政治安全和经济科技等力量对比变化，以及国际力量局部重组等重大调整。[1] 与此同时，正在展开的俄乌冲突既是冷战结束以来北约、欧盟双东扩的历史性反弹，也是推动当前国际格局继续重组的又一重大事件。国际事务重大议题的深化和拓展对国际社会和各类主要行为体提出了新的挑战，需要在应对中深化认识，逐步把握新议题的本质和规律，才能在应对挑战中不断推动历史的进步。

　＊　原文载《欧洲研究》2022 年第 3 期，第 1—17、165 页。

［1］　有关新冠疫情对国际格局影响的研究，参见杨洁勉：《疫情下国际格局和世界秩序变化趋势分析》，载《俄罗斯研究》2020 年第 5 期，第 3—23 页；薛力：《新冠肺炎疫情、国际格局与中国应对》，载《当代中国与世界》2021 年第 1 期，第 86—94 页；刘建飞：《新冠肺炎疫情对国际格局的影响》，载《当代世界与社会主义》2020 年第 3 期，第 12—19 页；Carla Norrlöf, "Is COVID-19 the End of US Hegemony? Public Bads, Leadership Failures and Monetary Hegemony", *International Affairs*, Vol.96, No.5, 2020, pp.1281—1303；Burhanettin Duran, "The Future of Global Great Power Competition after the Coronavirus", *Insight Turkey*, Vol. 22, No. 2, 2020. pp.79—92；Jacques de Lisle, "When Rivalry Goes Viral: COVID-19, U.S.-China Relations, and East Asia", *Orbis*, Vol. 65, Issue 1, 2021, pp.46—74。

议题应对的有效性直接关系到国际格局调整和变化的方向。在近现代的国际格局变化中，有的行为体在解决重大问题中不断提升实力，有的行为体则犯了颠覆性错误，走上衰败之路。两次世界大战期间，欧洲和美国在应对老殖民主义议题上的不同指导思想和政策举措差异直接改变了国际格局。[1]苏联和美国在冷战时期对当时重大内外议题的不同战略政策也直接影响到两极格局后来演变的结果。[2]当前的国际格局变化已经不是简单的量变，而是处于质变飞跃的前夜，因而特别需要对其转型的内外条件和重要特点进行深度分析，进而争取到顺势而为和乘势而上的历史主动。

国际格局的根本性变化必然催生新的国际体系和全球治理体系。当前国际格局转型与以往不同的是，它是在没有发生世界性战争的背景下进行的，展现出逐步通过领域和地域等方面的量变积累，上升为世界整体和综合力量的质变，最终形成新的全球治理体系的发展路径。例如，2008年全球金融危机催生了全球经济治理体系的重大变化；特朗普总统执政期间（2017—2021年）出现了国际多边主义和单边主义在实践和理论层面的重大较量；当前的俄乌冲突彰显以美国为首的西方重新聚集力量并以此打击俄罗斯和中国的企图，标志着国际政治安全体系的又一重大变化。总体而言，整个国际格局和全球治理体系大约还需要二三十年才能完成新旧交替。

百年一遇的新冠疫情对国际格局形成强有力的冲击，其影响是复杂多样的，客观上促进了国际合作的延伸和深化，增加了国际格局和国际体系的建设性互动，促进了全球治理从原则到落实的转化和过渡。但是，主要的负面影响是中国在全球抗疫防疫进程中的中流砥柱作用强化和固化了美国对华的战略警觉，并成为后者动员和组织西方联合阵线的重要战略借口。此外，疫情还产生了很多客观存在的中性影响。例如，围绕公共卫生危机形成的国家间关系的变化和发展、相关国际组织和国际机制的变革、思想观念更新和理论创新等。在某种程度上，这些中性影响的可变性和可塑性

---

[1] ［英］理查德·克罗卡特：《五十年战争：世界政治中的美国与苏联（1941—1991）》，王振西、钱俊德译，北京：社会科学文献出版社2015年版。

[2] ［美］约翰·加迪斯：《冷战》，翟强、张静译，北京：社会科学文献出版社2013年版。

应当成为国际社会的重要关注点和着力点。

具有三十年历史背景的俄乌冲突是俄罗斯对后冷战时期美国世界霸权和主导权的挑战，正在并将继续引发国际力量对比新的变化。俄罗斯争取到了较多发展中大国的默认，虽然维护了其在二十国集团和金砖国家等非西方主导的国际机制中的存在，但面临新型综合战争和美西方日益加重的全面制裁的挑战。

二、 历史的进程和时代的潮流

16 世纪，欧洲资本主义发轫并在世界力量对比中占据压倒性优势，鉴于当时历史发展阶段的本质和特点，形成了近代史上欧洲列强组成的国际多极格局。从 17 世纪中期的威斯特伐利亚体系建立开始，欧洲诞生的主权国家体系伴随着全球化进程逐渐扩散到世界各地。19 世纪初期，维也纳体系的建立，标志着近代国际格局首次成型，该体系伴随着"不列颠治下的和平"成为 19 世纪相对稳定的国际秩序提供者。[1]但任何形式的国际格局都是时代的产物，随着时代潮流的演变，20 世纪以来的国际格局又经历了深刻变革。把握这种变革的外在形态与内在原因，对于我们理解当代国际格局的演变和全球治理体系的调整具有关键意义。

（一）百年来国际格局的四次转型

应该说，20 世纪的历史，乃至整个世界现代史是从第一次世界大战（简称"一战"）开始的。[2]从一战开始，美国的综合实力坐稳了世界第一，逐步取代英国获得全球范围内的霸权。与此同时，德国和日本分别在欧洲和亚洲崛起；世界上第一个社会主义国家——苏联成立后带动了亚洲

---

[1] [美]伊曼纽尔·沃勒斯坦：《现代世界体系（第四卷）》，吴英译，北京：社会科学文献出版社 2013 年版。

[2] [英]艾瑞克·霍布斯鲍姆：《极端的年代：1914—1991》，郑明萱译，北京：中信出版社 2017 年版。

以及其他殖民地和半殖民地国家的民族独立和解放运动；中国共产党领导中国革命取得成功并建立了中华人民共和国；广大亚非拉国家的民族解放运动风起云涌。国际体系底层逻辑的变化造就了前所未有的变革力量，从而推动了百年来的三次重大国际格局变化，即一战后形成的欧美联合主导的多极格局和凡尔赛—华盛顿体系、第二次世界大战（简称"二战"）后形成的美苏两极格局和雅尔塔体系，以及冷战后形成的多极化格局和新旧并存的体系。[1]

这种体系性的变革并未因冷战的终结而停止，经过 30 多年的演变，当前世界主要力量对比已经进入从多极化趋势到多极格局实际形成的第四次格局转型的关键过渡时期。本次国际格局变化超越 500 年以来的欧美中心，正在改变"极"的数量；超越了传统的国家畛域，正在变单一的国家行为体为多种行为体并存互动；超越了现有的地理和物理范畴，正在走向虚拟空间和空天等新疆域；超越了西方的规制霸权，正在建构新型国际关系。有鉴于此，当前国际格局正在进入大体平衡和相对稳定的开拓期，但整个过渡期将是长期和曲折的，还需要数十年的反复和定型。

（二）国际格局变化虽有意外但大体有规律可循

纵观古今国际格局的演变历史，其决定性因素是以经济、科技为基础的权力对比与平衡的变化，但在量变向质变转换的过程中又常常因为政治、军事、社会等因素及"意外"事件的催化而发生突变。

首先，国际格局的形成和演进具有周期性。基于经济和科技的综合实力是格局变革的原动力和主动力，世界大国和一些国家集团（如欧盟）等主要力量在错落不一的发展进程中综合而成国际格局变化的周期。在通常情况下，周期的阶段性时间可以缩短，但不能跳越。道理很简单，世界主要力量都有发生、聚集、上升和下降的过程，而且是在不平衡运动中进行

---

[1] 参见［英］巴里·布赞、理查德·利特尔：《世界历史中的国际体系——国际关系研究的再构建》，刘德斌等译，北京：高等教育出版社 2004 年版。

的。近代、现代和当代的国际格局变化周期遵循的就是这一规律。当然，奥匈帝国皇太子 1914 年被刺和柏林墙 1989 年倒塌等突发事件在一定程度上也催化了国际格局的加速质变。

其次，冷战后国际格局变化时间跨度呈趋长态势。冷战是在没有发生大规模"热战"的情况下结束的，世界主要大国的政治、经济、科技、军事力量的对比变化并非以直线而是以曲线的方式呈现的。例如，发展中大国的经济实力在 20 世纪 90 年代到 21 世纪的头十年里快速增长，实现了以"金砖五国"为代表的群体性崛起。[1]但也要看到，"金砖五国"近年来经济势头趋疲、内部凝聚力分化、外部影响力缩减，新兴国家的发展也呈现出不同的态势。

最后，国际格局变化中的"意外"因素呈增长趋势。当前的国际共识是不稳定、不确定、不可知因素正在急剧增长。民粹主义、单边主义、对抗主义、经济民族主义等社会思潮普遍抬头，"民主与专制二元对立论"导致的极端政治不仅严重恶化了国际政治生态，而且极大地增加了安全和军事冲突的可能性。为此，基辛格担心地指出，美国必须与中国就世界秩序达成共识，确保大局稳定，否则"我们将处于一战前的欧洲局势，长年存在多种冲突，有些可以很快解决，但其中一个冲突在某个时刻失控了"。[2]

（三）世界各国的国际格局观

国际社会对于当前世界政治安全态势和未来发展趋势存在不同的认知和解读，提出各种不尽相同的国际格局观，但多数还是认同多极化或多极格局。

---

[1] 参见［巴西］奥利弗·施廷克尔：《金砖国家与全球秩序的未来》，钱亚平译，上海：上海人民出版社 2017 年版。

[2] "The Future of Liberal Democracies: In Conversation with Henry Kissinger", Chatham House, March 25, 2021, https://www.chathamhouse.org/events/all/members-event/future-liberal-democracies-conversation-henry-kissinger.

1. 中国与时俱进的国际格局观。

改革开放以来，中国坚持国际格局多极化的判断，但表述的重点有所变化。1992 年 10 月 12 日，江泽民在党的十四大报告中指出："两极格局已经终结，各种力量重新分化组合，世界正朝着多极化方向发展。新格局的形成将是长期的、复杂的过程。"[1]2012 年 11 月 8 日，胡锦涛在党的十八大报告中指出："世界多极化、经济全球化深入发展……国际力量对比朝着有利于维护世界和平方向发展，保持国际形势总体稳定具备更多有利条件。"[2]2017 年 10 月 18 日，习近平在党的十九大报告中指出："世界多极化、经济全球化、社会信息化、文化多样化深入发展，全球治理体系和国际秩序变革加速推进。"[3]鉴于当前复杂的国际形势，中国还强调要坚定维护以联合国为核心的国际体系，坚定维护以国际法为基础的国际秩序。[4]

2. 美国至今仍坚持过时的国际格局观。

美国在当代国际格局中占据关键的地位，但在实力与影响力相对下行的趋势中采取了鸵鸟政策，至今依然停留在实力地位和世界领袖的理念窠臼。拜登政府于 2021 年 1 月上台后，马上着手加强与盟国友邦的关系并打压中国。同年 6 月，拜登首次访欧即这一战略布局的重要组成部分。6 月 10 日，拜登访英与英国首相约翰逊推出团结西方和针对中俄的《新大西洋宪章》。6 月 11 日，拜登出席在英国举行的七国集团峰会，峰会公报多次负面提及中国。6 月 14 日，拜登参加北约峰会，试图重新赢得盟友信任并对中俄施压。无独有偶，2022 年 2 月 24 日俄乌冲突爆发后，拜登政府更是趁此机会加强其"团伙式"多边主义，以盟主的身份率领盟国友邦在"代理人战争"中收获政治、军事、外交、经济等利益，并维护其在世界上的领导地位。

---

[1]《江泽民文选（第一卷）》，北京：人民出版社 2006 年版，第 241 页。

[2]《胡锦涛文选（第三卷）》，北京：人民出版社 2016 年版，第 650—651 页。

[3]《习近平谈治国理政（第三卷）》，北京：外文出版社 2020 年版，第 45 页。

[4]《王毅在十三届全国人大四次会议举行的视频记者会上就中国外交政策和对外关系回答中外记者提问》，载《人民日报》2021 年 3 月 8 日第 3 版。

3. 其他全球性大国和地区性大国的国际格局观虽有差异，但基本认同多极化和主张多边主义。

二战后，欧洲一直在西方主导的框架下寻求联合自强和战略独立之路。欧盟委员会秘书长马丁·泽尔迈尔（Martin Selmayr）指出，欧盟必须成为国际秩序的基石，要成为所有努力构建国际秩序的国家的伙伴；欧盟之所以这么做，是因为协调与平衡刻在了其 DNA 之中。[1]俄罗斯认同多极化和多边主义，要在美欧中俄四边战略关系中发挥特殊作用。俄罗斯外长谢尔盖·拉夫罗夫指出："俄罗斯作为一个欧亚、欧太大国，同时作为联合国安理会常任理事国、以联合国为中心的国际秩序的坚定捍卫者，正在全方位地为增强国际安全作出重要贡献。"[2]印度试图在多极化进程中实现尼赫鲁的"大国梦"。印度总理莫迪认为，新冠疫情过后，新的世界秩序将出现，此时孤立于全球发展大势将是逆潮流而行，因此，印度将成为一个强大的参与者。[3]日本"为了在激烈的全球化竞争中获胜，在新秩序中立足，坚持与秩序最强者进行战略合作，依托强者参与秩序，甚至在强者缺位时积极出头，谋求主导"。[4]日本著名国际问题专家船桥洋一表示，日本可以与东盟国家联合组成中、美两极之外的第三极，由此推动亚太地区新秩序的形成，同时应当进一步扩大日本、美国、印度、澳大利亚的合作领域。[5]巴西驻华大使保罗·瓦莱（H.E. Paulo Estivallet de Mesquita）也表

---

[1] Martin Selmays, "Europe, Multilateralism, and Great Power Competition: A Conversation with Secretary-General of the European Commission Martin Selmayr", Brookings Institution, March 6, 2019, p.11.

[2] "Foreign Minister Lavrov's Remarks at the 9th Moscow Conference on International Security", Moscow, June 24, 2021, https://www.mid.ru/en/foreign_policy/news/-/asset_publisher/cKNonkJE02Bw/content/id/4798212.

[3] "India will Emerge a Global Leader in the New World Order Post Covid-19: PM Modi in Lok Sabha", https://www.news18.com/news/india/india-will-emerge-a-global-leader-in-the-new-world-order-post-covid-19-pmmodi-in-lok-sabha-3415292.html.

[4] 中国社会科学院日本研究所课题组：《日本与国际秩序变革：观念与应对》，载《日本学刊》2021 年第 1 期，第 31 页。

[5] 「第 5 回国際政治経済懇談会議事録」，内閣府ウェブサイト，https://www5.cao.go.jp/keizail/kokusai/202007/m。

示，多边主义正在经历一个充满挑战的时期，这一过程不会很快，也会困难重重，但多边主义仍然不可或缺。[1]

4. 中小国家拥有更为积极主动的国际格局观。

总体而言，广大中小国家和发展中国家理念的进步性和进取性在不断增加。它们不再满足于描述性的"不结盟"和"第三世界"的说法，而更多的是联合自强和在大国间寻找主动。例如，东盟要发挥区域合作的中心地位和协调作用，又如中东的"中等国家"土耳其、伊朗和沙特阿拉伯在 21 世纪的头 20 年都力争扩大在地区事务中的主导权及国际影响力。"东盟＋"和"美欧俄＋土伊沙"等在地区政治与安全方面发挥作用正在成为新的趋势。

三、 国际新格局理念创新和战略推进

推动形成基本稳定和相对平衡的国际新格局，不仅需要国际社会的实践努力，而且需要理论反思和创新，需要各种理论的交流、交汇和交锋。

（一）当代国际格局观的扬弃和淘汰

二战结束以来，国际格局理念大致可分为三种：基本合理的、需要改造的以及需要淘汰的。值此国际格局转型的关键转折关头，进行客观和科学的分析梳理正当其时。

当代国际格局理论主要源于二战，不仅延续了国际力量对比的常态元素，而且代表了世界反法西斯战争的胜利成果，反映了当时国际社会的认识和行事水平。这一时期的国际格局理论以安理会"五常"论确认了社会主义大国的地位和作用，以"一国一票"论发展了国家主权平等观，以开展南北对话作为调和矛盾与国际合作共赢的理论，以对新兴发展中大国的承认作为部分调整国际权益的基础，等等。[2]这些至今仍具有历史的进步

---

[1] "Brazil and China: An Evolving Partnership", https://news.cgtn.com/news/2021-07-02/Brazil-and-ChinaAn-evolving-partnership-11y4c2lnFWU/index.html.

[2] 姚遥：《中国的新国际秩序观与战后国际秩序》，载《国际问题研究》2020 年第 5 期，第 5—18 页。

性和时代意义，需要继续维护和发扬。

当代国际格局观中有些需要改造后才能延续其理论生命。20 世纪六七十年代，先后出现的"非洲社会主义""不结盟运动思想"和"欧洲的南北对话思想"是当时环境的产物，也发挥过积极的作用，但随着时代和环境的变化而相对陷入沉寂，需要进行改造后才能化蛹为蝶，继续发挥推动时代进步的作用。

当然，美国和西方鼓吹和实践的不合理或不合时宜的国际格局观需要批判和淘汰，但这一过程肯定是漫长和曲折的。诸如冷战思想、丛林法则和"寻敌"同盟思想[1]等不会自动退出历史舞台。例如，当前美国政府把世界划分为"民主"和"专制"两大对立集团，强行制造对抗，在"七国集团""四国集团"和"五眼联盟"中增加了针对中国的内容，这也是不合理国际格局观的现实反映。[2]

（二）国际格局理论的国际交流、交汇和交锋

国际格局观是国际关系理论的重要组成部分，代表了不同群体的历史、现实和未来的权益，充满着进步与保守、革命与反动、创新与守旧的斗争，而代表历史发展方向的先进理论也必然要在不同思想理论的交流、交汇和交锋中逐步走向成熟。

新旧国际格局观的交锋焦点表现在三个方面：国际格局的内生动力是否在于争霸争权，即强权政治和公正政治的互动；国际格局是否有自身发展规律可循，即动态或静态的发展；国际格局的现实性和长远性，即现实利益和历史责任的关联。这是个相当漫长的历史发展和理论建设过程。对于非西方群体而言，多极格局观是为数不多能够对霸权大国所奉行的思想

---

[1] 在国际关系中，"对敌"同盟是一种重要的政治现象。冷战结束后，美国为了维护在跨大西洋地区和亚太地区的军事同盟体系及其霸主地位，极力推行"寻敌"同盟，如把中国臆想为主要安全威胁和战略竞争对手。

[2] 王帆：《拜登政府的对华战略：竞争性共存与新平衡》，载《和平与发展》2021 年第 4 期，第 1—25 页。

理念形成重大挑战的新理论。因此，代表世界进步的力量应当也可能在互相交流和交汇中，不断丰富和发展新国际格局观，使之成为有效指导当代国际关系的主流理论。

20 世纪 60 年代后，两极格局在实践和理论上都遇到了挑战。中国和法国分别对美苏两极说"不"，欧洲联合自强从思想理念逐步向体制机制发展（如欧共体），广大发展中国家形成美苏外的"第三世界"等。90 年代初，苏联解体、东欧剧变后，美国力图建立"单超独霸"的"美国治下和平"并未得逞，中国和一些发展中大国的群体性崛起又加快了国际多极化的进程，基本稳定和相对平衡的国际格局观应运而生。

当下，新国际格局观的理论建设步伐进一步加快。广大发展中国家和部分发达的中小国家根据新的世情和国情，总结出国际格局变化的新特点，认同和推进多极化进程，强调和维护多边主义，突出发展中大国和发展中地区组织的作用。而且，国际社会的多数成员根据全球事务的新内涵丰富了国际格局观，在地域、领域、新疆域等方面进行了理论探索和建设，如反对公共卫生领域的霸权主义[1]、网络主权和霸权等。不少国家和地区在前瞻历史潮流基础上勾勒出新国际格局观的理论发展方向，赞同中国的人类命运共同体理念，并将其与本国和本地区的理念和实践结合起来。

（三）世界发展趋势和阶段推进的战略思维

国际社会在深刻认识和积极顺应国际格局变化趋势的同时，正在探索和推进其阶段性发展目标、任务和运筹，使之具有更大的实现可能。

首先，国际格局正在经历从量变到质变的关键转折时期，充满着过渡阶段的多重复杂性，大趋势中蕴含回流和逆流，世界的进步力量需要继续成长成熟，守旧力量也在审视和反思中重新整合，进步力量和守旧力量之间的斗争和磨合不时呈现出乍暖还寒的过渡转折期的特点。中国和广大发

---

[1] 参见徐秀军：《美国卫生霸权主义严重破坏全球抗疫合作》，载《光明日报》2021 年 9 月 7 日第 12 版。

展中国家需要从国际关系的长周期框架下分析当前阶段性发展特点，顺利实现将强未强的阶段性过渡，进而增加长周期的进步性、建设性和包容性的时代内涵。

其次，当前国际格局的阶段性任务至少包括但不限于以下三个方面：一是达成阶段性战略共识。国际社会要在历史变化和时代挑战中逐步达成阶段性任务的战略共识。国际社会在21世纪的前20年中，在维护世界和平与应对重大非传统安全方面达成过重要共识，如反对国际恐怖主义、应对全球金融危机和推动可持续发展等。但是，在21世纪第二个十年及以后，国际社会在全球化进程和地缘政治等方面也暴露出严重的分歧，失去了在抗击新冠疫情中加强国际合作的机遇。因而，国际社会在当前阶段达成战略共识的可能性并不大，这是需要予以客观承认和有效应对的。二是增加发展中国家的战略主动性。当年，广大发展中国家团结自强，形成"不结盟运动"和"第三世界"力量，在美苏两极格局中争取到一定的战略主动性。当前，美国出于维护其世界霸权的战略动机，正在炮制"中国威胁论"，调动和组织其盟国友邦遏制和打击中国的崛起。对此，广大发展中国家和中小国家需要提高战略自觉性，不仅要避免在中美之间"选边站"，还要成为影响国际格局转型的"第三方力量"。三是加强国际社会的战略韧性和战略定力。在时与势方面，国际格局变化有利于中国和广大发展中国家，世界继续朝着"东升西降"和"南上北下"的方向发展，但也要看到"东弱西强"和"南穷北富"一时难以改变的现实态势。中国和发展中国家面临着逆流和回流导致的困难和挑战，如美国和西方的压力、新兴经济体的增长乏力、金砖国家的分化和新冠疫情的新常态等。因此，中国和广大发展中国家需要"深刻认识错综复杂的国际环境带来的新矛盾新挑战，敢于斗争，善于斗争，逢山开道、遇水架桥，勇于战胜一切风险挑战！"[1]

再次，以和平共处与合作共赢应对日益增多的竞争对抗。在国际格局

---

[1] 习近平：《在庆祝中国共产党成立100周年大会上的讲话》（2021年7月1日），载《人民日报》2021年7月2日第2版。

的过渡时期，上升和衰退的力量同时存在，而和平共处与合作共赢则是最好的选择。习近平主席对特朗普总统和拜登总统多次谈及"中美合作是唯一的正确选择"。新加坡总理李显龙也指出："中美对立是影响今后国际秩序、格局的核心问题，这一对立趋势恐怕不会在短时间内消失，但各国都希望两国能够早日缓和关系，即使是美国盟友也希望能够同时与中美两国保持良好关系。"[1]

四、 国际格局和全球治理的多维互动

当前，国际格局的意义已经远远超越了"国际"本身，不断出现的新发展和新变化正在作用于世界乃至地球之外的新疆域。因而，当前和今后的国际格局与全球政治的议题和治理日益密不可分，新的国际格局和新的全球治理体系将在更加紧密的互动中形成和发展。

（一）当前国际政治、安全、经济、科技四大因素的新作用

在当前的特定阶段，政治和安全对经济和科技的反作用凸显，加剧了国际格局和全球治理体系的复杂性和长期性。

1. 当前政治因素的新作用。

进入 21 世纪以来，美西方实力相对下降，其奉行的体制机制缺陷日益凸显，政治感召力和影响力不断下降。在此不利的形势下，美西方强调价值观"优势"，炮制西方"民主"对阵中俄"专制"，以达到巩固国家内部和西方内部团结的目的，并维护其在国际上的主导地位。而且，美国正试图把更多的政治问题引入安全领域，两者的交织又衍生出新的政治或安全问题，如中美经济关系正在并将长期受到越来越多的"政治"和"安全"因素的干扰。

---

[1] "PM Lee Hsien Loong at the Aspen Security Forum", https：//www.pmo.gov.sg/Newsroom/PM-Lee-HsienLoong-at-the-Aspen-Security-Forum.

2. 当前安全因素的新作用。

进入 21 世纪以来，传统安全问题依旧困扰着国际社会，俄乌军事冲突表明传统安全问题在一定条件下仍将是国际安全的首要和直接威胁。与此同时，世界上非传统安全问题不断深化和恶化，在国际恐怖主义、网络安全、金融安全、自然环境安全、能源安全、粮食安全和公共卫生安全等领域形成波次型轮番挑战下，全球安全治理在机制、能力和理念上都存在严重缺失或滞后。

3. 当前经济因素的新作用。

在国际格局转型和全球治理体系建设中，经济除继续发挥常态作用外，还具有四个方面的新作用：其一，经济促进作用的异化。在政治和安全泛化和滥用的冲击下，经济促进国际合作的作用有所削弱，不仅阻碍了经济产业链和价值链的正常布局和合理调整，还造成了全球贸易战和金融战的"狼烟四起"。其二，经济机制改革的迟延。新冠疫情在全球的长期肆虐，不仅中断了全球金融危机后的经济反弹势头，而且促使一些国家摒弃国际合作转向"以邻为壑"政策，极大地增加了全球经济治理机制改革的难度和阻力。其三，经济领域的极端思潮冲击。新冠疫情在加重世界经济困难的同时，加快和加深了经济极端思潮的繁殖与影响。经济极端思潮正在撕裂一些国家的社会结构并不断向全球扩散其影响，经济民族主义、保护主义和排外主义屡屡冲击世界经济的正常运作，极端国家利益和极端个人利益也正在影响国际社会的整体观和整体利益。其四，经济制裁的负面影响。美西方在俄乌冲突中高举"金融制裁"大棒，导致俄罗斯 3 000 亿外汇黄金储备被冻结，国际经贸结算无法正常进行。美西方此举还在国际上形成恶劣的先例，正在促使中国等拥有巨大海外资产的国家采取预防性措施。

4. 当前科技因素的新作用。

正在加速推进的第四次科技革命对国际格局和全球治理体系产生了重大和深远的影响。本次科技革命的重点领域在于高新科技，如互联网、人工智能和生命健康等，科技革命在改变世界力量对比中的作用达到前所未有的深度和广度。[1]而且，本轮科技革命具有明显的双刃剑作用。它在把世界更加紧密结合的同时又有可能导致群体性或集团性对立，而美国正在试图将其引向后者，这激化和深化了世界政治、安全、军事、社会等方面的矛盾，很可能成为战争爆发的重要诱因。此外，科技军事化还对全球军事安全治理提出了体制、机制、法律、伦理和操作层面的新挑战。

（二）国际格局变迁对全球治理提出新的要求

国际格局和全球事务互为因果，具有多维和双向作用。而且，世界格局变化会逐渐映射到全球治理的实践中，重点议题、规范规则和机制组织等方面都会出现新的变化，这也将成为国际社会必须面对和应对的新挑战。

首先，当前国际格局的过渡性增加了政治、安全、经济、科技等议题和理念的多重属性。一方面，霸权主导、资本扩张、地缘竞争、零和博弈等旧有因素仍在发挥作用；另一方面，一些代表历史发展方向的思想和理念尚处于成长阶段，仍需在应对和解决问题中得到证明，才能逐步为国际社会所认同和接受。因而，国际社会在过渡时期难以避免新旧相持和进退盘整的阶段性战略态势和各种问题挑战。

其次，现有的治理体系无法应对当前许多新的议题。例如，国际社会对于不断出现的网络安全和人工智能安全等问题既没有原则上的共识也没有行动上的一致。又如，国际社会对于日益严峻的气候变化问题，往往是议而不决或决而不行，而且对美国"自由"进出气候变化《巴黎协定》也无可奈何。再如，即使对于需要合作共同抗击的新冠疫情，国际社会仍处在权宜应急阶段而不是从体制机制上根本解决问题。

再次，全球治理需要国际社会的共同努力。欧洲理事会前任主席范龙

---

[1] 参见［德］克劳斯·施瓦布：《第四次工业革命：转型的力量》，李菁译，北京：中信出版社2016年版。

佩指出："世界秩序必须建立在信任的基础上，而如今缺少的正是信任。"而且，他还引用其家乡谚语："信任骑马而去，步行而归"，以此说明国际建立信任的长期性和艰难性。[1]当世界已经连为一体时，昔日的独自安全和霸权安全已经一去不复返了。世界各国特别是主要大国需要增强共同安全的意识，加大合作安全的力度，逐步推进次区域、区域和全球的安全治理体制机制。

（三）全球领域/地域治理和全球总体治理的互动关系

当代世界日益紧密相连，全球领域/地域治理和全球总体治理是局部和全局的对立统一关系，两者需要统筹考虑和整体推进。

第一，问题导向和目标引领。许多重大议题具有紧迫性，需要急事先办，以免事态在短时间内恶化到不可收拾的地步。因此，国际重大议题需要坚持问题导向并予以缓解和应对。但与此同时，全球治理又需着眼于长远目标，在治标中逐步做到综合治理，以期最终治本。例如，治理国际恐怖主义需要国际政治和战略协调。又如，治理中东战乱需要重视发展问题。再如，保障环境安全需要强调"共同但有区别的责任"。如此等等，不一而足。

第二，局部治理和全球治理的体制机制结合。近代以来，威斯特伐利亚体系、维也纳体系、凡尔赛—华盛顿体系和雅尔塔体系等基本上都是由大规模战争的胜利方制定的，相对容易作出决定并予以实施。但是，冷战结束以来的国际格局和体系变化进入了新的历史时期，国际社会需要在避免世界大战的背景下逐步改革旧体系和建设新体系。因此，全球治理体系的改革和创新势必经历长久的曲折过渡和分步实现的新进程。

第三，在批判错误的治理理论中建设与时俱进的新理论。当前全球治理面临的紧迫任务是，在批判西方过时的理论中建设与时俱进的新理论，

---

[1] Herrman Van Rompuy, "Future Held in Trust", *China Daily*, July 29, 2021，http：//www.chinadaily.com.cn/ a/202107/29/WS6101e7d8a310efalbd6651al.html.

在此仅以全球安全治理的思想理念为例。美西方在全球安全治理的核心理念是所谓的民主和平论、霸权稳定论、同盟安全论，旨在维系西方治理的主导地位，并在全世界范围内推进西式自由民主制度和西方价值观。与此相对照的是，中国倡导共同、综合、合作、可持续的全球安全观，推动营造公道正义、共建共享的安全格局。在此基础上，中国提出全球安全治理的方向：一是坚持合作共建，实现持久安全；二是坚持改革创新，实现共同治理；三是坚持法治精神，实现公平正义；四是坚持互利共赢，实现平衡普惠。[1]

五、 全球治理体系建设的努力方向

当前，世界进入动荡和变革时期，国际国内政治对立趋向严重，战乱冲突发生频仍，经济复苏乏力，各类议题和各种挑战层出不穷，国际格局处于多极化最终走向多极的重要转折时期，国际体系、世界秩序和全球治理（以下统称为"全球治理"）的改革和创新已经成为当今国际社会的主要议程，作为历史进步力量的广大发展中国家将在近代以来首次在全球治理体系建设中发挥全面和重要作用。

（一）体系建设的顶层设计

全球治理体系建设是一项长期和复杂的系统工程，国际社会需要动员世界各国的力量和集中全球智慧，回顾历史、总结当前、展望未来，塑造和建设体现时代潮流和公平正义的全球治理体系。现有的全球治理体系并非凭空而来，而是国际社会长期以来特别是二战以来努力的结果，其合理内核必须继承发扬。习近平总书记指出，要坚定维护以《联合国宪章》宗旨和原则为核心的国际秩序和国际体系，维护和巩固第二次世界大

---

[1] 习近平：《坚持合作创新法治共赢　携手开展全球安全治理——在国际刑警组织第八十六届全体大会开幕式上的主旨演讲》，载《人民日报》2017 年 9 月 27 日第 2 版。

战胜利成果，积极维护开放型世界经济体制，旗帜鲜明反对贸易和投资保护主义。[1]同时，随着历史的进步和时代的发展，全球治理体系又必须与时俱进，在建设者、主要议题、原则规范、体制机制等方面都应不断更新和创新。

在全球治理体系的建设者方面，应当发挥整个国际社会的力量和作用。大国是全球治理的主要行为体，但还有其他中小国家行为体和非国家行为体也都会以各种方式参与到治理进程中来，而且随着时代的进步，非国家行为体的作用将更加重要。[2]全球治理体系建设事关各国权益、国际规则和世界公正等重大问题，需要国际社会共同协商和通力合作。唯有如此，才能使当前的全球治理体系建设充分体现其近代以来最具革命性和先进性的特点，也最能符合广大发展中国家的利益。

在全球治理的主要议题方面，不仅要继续解答传统的主要议题，如世界和平与稳定、国际关系的基本原则和世界经济的增长等，还要有效应对日益显现和重要的新议题，如可持续发展、公平分配、网络安全和公共卫生安全等。在国际格局转型和全球治理体系交替之际，政治安全和经济发展议题往往会更加尖锐且相互影响，成为直接影响国际社会、地区秩序和世界各国的稳定与发展的主要因素。而且，科技因素和人文因素也有可能发挥超常规作用，前者如高新技术的军事应用[3]，后者如宗教种族之争[4]。

在全球治理的原则规范方面，需要在兼顾各方权益的基础上强调公平

[1] 《习近平在中共中央政治局第二十七次集体学习时的讲话》，《人民日报》，2015年10月14日，第1版。

[2] 张宇燕、任琳：《全球治理：一个理论分析框架》，载张蕴岭、高程主编：《中国社会科学院国际研究学部集刊（第11卷）》，北京：社会科学文献出版社2018年版，第217—218页。

[3] 李驰江：《人工智能在军事领域的应用及全球治理》，载《人民论坛·学术前沿》2021年第10期，第22—29页。

[4] 参见郭树勇：《区域文化治理与世界文化秩序》，载《教学与研究》2016年第11期；张志刚：《"全球宗教格局"探析》，载《北京大学学报（哲学社会科学版）》2020年第6期；徐以骅：《特朗普政府与"国际宗教自由联盟"建立》，载《宗教与美国社会》2021年第1辑。

和正义。全球治理体系应当集中体现各行为体的权力平衡和利益分配，只有兼顾包容才能行稳致远。中国倡导的新型国际关系和人类命运共同体的原则就充分考虑到了国际社会的共同权益。

（二）治理机制的建设路径

改革和创新全球治理机制需要在确定基本原则规范的基础上制定出具体、可行、有效的路线图，并且根据实际情况适时进行修正和补充。

第一，国际体系要发挥作用。一战后的国际体系和国际联盟都因无法和无力应对当时的重大国际议题而宣告流产。因此，国际社会的首要任务还是应对最紧迫和最现实的问题。国际重大议题千头万绪，各国的议程也各不相同，需要形成最大公约数的共识和行动。例如，21世纪初国际社会需要在合作反恐上达成共识。又如，当前主要是合作应对新冠疫情以及在俄乌冲突上劝和促谈并防止战事外溢、人道主义危机加深加重。国际社会和各行为体要在国际体系的框架内统筹协调，把重心放在缓解、应对和解决主要议题上。

第二，问题导向需要结合目标引领。威斯特伐利亚体系的主权和平等的原则在当时和当代都具有目标引领作用。二战后的《联合国宪章》和主要国际机构至今仍具有历史进步意义。[1]国际体系一旦确定，常常具有超常的延续性和指导意义，目标引领因而尤为重要。目标引领是方向引领，要有长远的理想目标，如把国际社会已有的和平发展目标再提升到公平公正的高度。长远目标和全球框架有助于国际社会逐步和分阶段地看待和处置重大议题。而且，全球治理体系在应对当前挑战时，还要建设应对政治、安全、经济、社会等领域极端思潮的预警和管控机制。[2]

第三，循序渐进的治理机制创新。治理机制创新的首要任务是用好现

---

[1] 中华人民共和国国务院新闻办公室：《新时代的中国与世界》，载《人民日报》2019年9月28日第11版。
[2] 参见保建云：《病毒种族主义、极端民粹主义与超级保护主义——2020年反全球化思潮的新表现》，载《人民论坛》2020年第36期，第18—23页。

有机制，并在此基础上加大改革力度，近期应当而且可以推进的有：促进联合国的全面改革和安理会的重点改革，促进二十国集团在全球经济治理中发挥更大的作用，以及全球机制和区域机制的对接等。在此基础上，进一步巩固和发展新型机制，在全球层面上落实气候变化《巴黎协定》的原则和机制，在巩固和发展亚洲基础设施投资银行和金砖国家新开发银行等方面取得更大的进步等。与此同时，还要加强未来机制的创建和创新，积极准备建立全球网络安全机制和新疆域的相关安全议题的机制性安排，防止国际对立和集团对抗，并且通过大国多边磋商协调机制推动相关领域的合理发展，使新的体制机制能够有效以及应对将来可能出现的热点和难点问题。

（三）国际交流、比较和磨合

全球治理体系建设是当前一项具有现实和长远意义的重大任务，需要国际社会相向而行，在不断缩小分歧和扩大共识中前进。

就国际交流而言，要做到重点和一般兼顾。当前全球治理体系建设的主要参与者需要广泛开展不同层次的国际交流，同时还要尊重广大中小国家的意见，特别是由中小国家组成的国际群体，如非盟、东盟、拉美和加勒比国家共同体等。在讨论全球治理体系建设的初始阶段不能因为意见分歧较大和较多而停留在原则讨论上，相反应当鼓励提出各自的方案，把原则和方案结合起来讨论。

国际社会在交流的基础上要进行各种比较，如历史经验教训的比较、主要大国方案的比较、大国和中小国家方案的比较、国家行为体和非国家行为体方案的比较，在国际比较中各抒己见和开阔思路。事实也正是如此，国际联盟和联合国的方案比较可以看出时代的进步，七国集团和二十国集团的方案比较有助于提升发展中国家的规制权和话语权，欧洲关于南北合作的方案和联合国的千年计划及《2030年可持续发展议程》的比较展示了历史前进的方向。

各种方案只有经过碰撞和磨合的阶段才能最终达成最大公约数。形成全球治理体系建设共识是共性和个性长期互动的进程，各方的意见和权益有重合也有不同，需要多方协调和妥协，但需要有底线，即坚决维护绝大多数国家和人民的正当权益。同时，各种实践和方案要根据由易到难和从近及远的顺序进行。例如，在共识较多的经济治理和环境治理方面可以先行先试。又如，在分歧较大或较多的安全军事治理方面，可以让智库多做探讨和铺垫工作等。而且，还需要在不断取得阶段性成果的基础上达成新的国际共识，并逐步提升为体现合作共赢的总目标和大方向的体系建设。此外，还要充分认识其艰巨性、复杂性和反复性。建设新的全球治理体系就是促进国际关系民主化和国际公平正义的过程，也是与霸权主义和"历史的反动"的斗争过程，因此必然会充满进步与倒退、公正与不公正等的斗争。过去和现在是这样，将来也必定如此。

六、结语

国际格局转型和全球治理体系建设既是实践问题，也是理论问题。冷战结束已有三十年，现在有必要也有可能进行有关的实践和理论总结。中国作为一个日益走近世界舞台中央的发展中大国，有责任也有义务促进国际格局转型和全球治理体系建设，为相对平衡的国际力量对比和更加公正合理的全球治理体系贡献中国智慧、提出中国方案和作出中国贡献。

第一，积极主动参与当前国际格局转型和全球治理体系建设的伟大历史征程。世界历史的进步发展和国际关系的划时代飞跃需要国际社会的共同努力，正确处理新兴大国和守成大国的相互关系，不断改善南北关系和加强南南合作，有效应对前进道路上的困难和挑战，并且不断促进和平、发展、合作、共赢的世界潮流。中国是正在崛起的新兴国家，而"新兴国家在崛起过程中必须能够为其所处的国际环境和社会提供新质，如技术革命、思想更新、制度设计等，才能是真正意义上的崛起，而不是单纯物质权力层面的挑战"。[1]

---

[1] 张一飞：《"欧洲中心"格局的兴起与衰落——近代以来国际格局的演变历史（一）》，载《学习时报》2016 年 10 月 17 日第 6 版。

第二，加强相关主流理论的共同建设。20 世纪 70 年代，一批发展中国家和地区先后在经济上崛起，非西方群体在国际格局和全球治理的理论建设方面也逐步从边缘走向主流。在世界经济格局方面，发展中国家率先提出依附理论、构建国际经济新秩序的理论，在政治和外交格局方面则有多极化、三个世界和不结盟等理论，在战略和安全格局方面有中美苏大三角战略思想、新安全观等。为此，习近平主席在国际场合多次大力倡导新的全球性和全局性的理念和理论。例如，和平、发展、公平、正义、民主、自由为主要内容的全人类共同价值。[1]又如，坚持发展优先、以人民为中心、普惠包容、创新驱动、人与自然和谐共生、行动导向等的全球发展倡议。[2]再如，人类是不可分割的安全共同体和提出全球安全倡议等。[3]凡此种种都是具有进步性、代表性和指导性的当代新理念和新理论。

第三，中国需要详加筹划和积极作出相关理论贡献。中国在国际格局和全球治理体系理论方面的努力应当包括但并不限于以下方面：一是促进当代经济和发展的理论。经济是人类社会发展的决定性因素。国际格局和全球治理体系的基础都是经济。中国在提升经济增长和科学发展方面已拥有相当坚实的实践基础和理论积累，可以而且应当转化为世界共建共享的理论。二是促进当代政治和安全的理论。中国在和平共处五项原则、不结盟原则、国际经济和政治新秩序、综合安全和地区合作等方面建树颇多，现在需要与时俱进地对意识形态、社会制度和中小国家在全球治理中的作用等方面进行理论更新和创新。三是促进社会思潮理论的守正创新。世界多元化和社会多样化已经导致各种社会思潮的泥沙俱下和极端思想抬头。中国要理直气壮地伸张正义和主持公道，在正本清源和批判错误中发挥作

---

[1] 《习近平出席第 70 届联合国大会一般性辩论并发表重要讲话》，新华网，2015 年 9 月 29 日，http：//www.xinhuanet.com//world/2015-09/29/c_1116703634.htm。

[2] 《习近平出席第七十六届联合国大会一般性辩论并发表重要讲话》，载《人民日报》2021 年 9 月 22 日第 1 版。

[3] 《习近平在博鳌亚洲论坛 2022 年年会开幕式上发表主旨演讲》，载《人民日报》2022 年 4 月 22 日第 1 版。

用，要做正确社会思潮的弄潮儿。[1]

第四，发挥中国在理论上的前瞻引领作用。中国共产党成立百年以来传承了马克思主义的基本思想，深入实践了列宁关于殖民地的民族解放和国家独立理论，在第二次世界大战中坚持了世界反法西斯的进步理论，中华人民共和国成立后发展了公平、正义、民主的国际关系理论。自 2008 年全球金融危机以来，中国在国际关系和全球治理方面提出一系列的新理念，如正确义利观、新发展观和新体系观等。中国在走向世界强国的进程中，要在包括国际格局观和全球治理观在内的理论建设中起到前瞻引领作用。中国要从理论上阐述世界到哪里去的问题，处理好代表前进方向但又能体现阶段特点的国际格局和全球治理体系，丰富和发展新型国际关系和人类命运共同体的理论。总之，中国应该也必然会在未来的国际关系和全球事务中为世界作出更大、更多的实践和理论贡献。

---

[1] 有关民主话语权的讨论参见张虹倩：《"民主国家峰会"与拜登政府的对华战略——基于布鲁金斯政策报告话语的框架分析》，载《社会科学》2021 年第 7 期，第 32—34 页。

中国式现代化和全球生态治理互动的探索与创新 *

世界不断在曲折中前进，人类在探索中提高认识。国际社会在经过了不同阶段的现代化过程后，对全球生态治理和生态文明的实践与认识都有了里程碑式的提高。

关于全球生态实践对于中国式现代化的启示。人类在与自然生态的互动过程中既有经验也有教训。人因自然而生，人与自然是生命共同体。人类只有遵循自然规律才能有效防止在开发利用自然上走弯路，人类对大自然的伤害最终会伤及人类自身，这是无法抗拒的规律。

中国具有连绵不断的 5 000 多年文明史，在相当程度上参与了人类生态实践的全过程。习近平总书记指出："中华民族向来尊重自然、热爱自然，绵延 5 000 多年的中华文明孕育着丰富的生态文化。"[1]党的二十大报告提出："从现在起，中国共产党的中心任务就是团结带领全国各族人民全面建成社会主义现代化强国、实现第二个百年奋斗目标，以中国式现代化全面推进中华民族伟大复兴。"因此，我们要以当前已经达到的以及将来还可提高的认识水平为坐标，在习近平新时代中国特色社会主义思想的指导下，深化认识中国式现代化与生态文明之间的互动关系，进一步提高思想认识、理论水平和实践能力。

为此，我们需要增强实践自觉性，把习近平生态文明思想落实到行动

---

* 原文载《新华日报》2023 年 6 月 20 日第 12—13 版。
[1]《习近平出席全国生态环境保护大会并发表重要讲话》，新华社 2018 年 5 月 19 日。

上去，"坚持可持续发展，坚持节约优先、保护优先、自然恢复为主的方针，像保护眼睛一样保护自然和生态环境，坚定不移走生产发展、生活富裕、生态良好的文明发展道路，实现中华民族永续发展"。

关于中国式现代化和全球生态文明的理论进步。实践自觉需要向理论自觉递进，才能达到更高的水平和境界。

生态文明的当下和未来意义。习近平生态文明思想以科学的理论范畴、严密的逻辑架构、深邃的历史视野丰富和发展了马克思主义人与自然关系理论，对中华优秀传统生态文化进行创造性转化、创新性发展，为正确认识人与自然关系提供科学指导，为建构中国自主的生态文明知识体系提供科学指引。

生态文明的观念和理论进步。中国式现代化实现了对西方以资本为中心的现代化、两极分化的现代化、物质主义膨胀的现代化的超越。建构中国自主的生态文明思想理论体系的过程，就是深入研究和阐释人与自然和谐共生现代化的内涵和外延，讲清楚中国式现代化与西方现代化相比具有的特征和优势。而且，深入研究和阐释人与自然和谐共生的现代化在人类文明形态演进过程中的历史地位，也能更好地为建设人与自然和谐共生的现代化提供有力的学理支撑。

生态文明的中外互动和共建。习近平生态文明思想是中国提出的具有原创性、时代性的概念和理论。"海纳百川，有容乃大"，中国在做好自身的生态文明建设时既要讲中国特性，也要讲人类共性，还需要吸取国际社会的一切有益思想、理念和理论，与世界各国一道构建人类命运共同体。

关于中国式现代化和全球生态文明的体系建设。生态文明实践和理论在伴随中国式现代化走向世界时必将促进国际社会的"全人类意识"，通过全球生态治理体系建设，维护和促进人类与自然的命运共同体。

首先，总结全球生态文明体系的主要内涵和阶段状况。全球生态文明体系建设内容丰富、责任重大、任务艰巨。仅就体系而言，它包括但不限于以下方面：指导思想、基本理论、主干组织、重要机制等。当前国际社会虽然在生态文明的思想理念和历史紧迫感等方面的共识在不断增加，也达成了气候变化《巴黎协定》，但总的来说，还只是万里长征走了第一步。

其次，推进全球生态文明体系建设的时间表和路线图。当前国际社会要有环境保护的紧迫感和责任感，不能仅仅坐而论道、议而不决或决而不行。要在抓紧落实《联合国气候变化框架公约》和《巴黎协定》的同时，讨论、制定和推进未来30年分阶段、分领域、分地域、分问题的具体规划。

最后，确定全球生态文明体系发展的方向和任务。简言之，就是要在全球范围内，共同推进全球生态环境治理，积极参与生态环保国际合作，加强绿色发展的多边合作，推动完善全球生态环境治理体系，共谋全球生态文明建设。

附录：2007 年与罗伯特·基欧汉有关世界格局的对话 *

按：2007 年初，新自由制度主义国际关系理论宗师、美国普林斯顿大学教授罗伯特·基欧汉应上海国际关系学会和《文汇报》的邀请来到上海国际问题研究所，与时任上海国际问题研究所副所长杨洁勉进行了一场精彩的对话，两位专家就 25 年后的国际体系进行了前瞻性的展望。这场高端对话也拉开了纪念上海国际关系学会成立 50 周年系列学术活动的帷幕。

世界将是单极、两极还是多极的？

杨：基欧汉教授，感谢您接受上海国际关系学会和《文汇报》的邀请，同我一起为纪念上海国际关系学会成立 50 周年的学术活动进行本次讨论。首先请您谈一下您对当前国际体系的看法。

基：好的。其实我更愿意用"世界政治"这个术语，以此进行整体思考。全球化是个现实。全球化对于诸如中国、印度等拥有大量训练有素人才的国家来说是种非常积极的趋势，但对非洲等地区来说可能就会困难一些。但对美国来说，就会有人失业，这会导致摩擦，会有风险，因此必须调整加以适应。世界政治中各个国家、团体都有着不同的利益，需要相互调整各自的政策进行合作，发现其共同利益，而那便是多边机制所要发挥的作用。

---

* 原文载《文汇报》2007 年 1 月 11 日。

杨：中国学者大多认为，当前，国际体系正处于转型时期，从冷战时期的两极体系向后冷战时期的多极体系过渡，这个转型期将是长期的，从1989年柏林墙倒塌算起，可能要到2020—2030年才能完成。

我个人认为，转型时期的国际体系有以下主要特点：第一，这一转型是和平的，没有重大战争。当然，由于是和平的，因此需要时间。第二，行为体的多元化和多样化，世界政治中的问题也变得日益复杂和多样化。第三，转型时期的国家更注重规则的设定。第四，新兴的发展中大国和资源富集国家的作用日益上升。第五，文化与价值观的因素变得日益重要。

基：世界是单极、两极还是多极，那会因议题而有所不同。在军事力量方面，目前的世界就是美国单极。但如果考察政治影响的话，就不是单极了，美国在伊拉克的军事力量并未强化美国的政治影响。如果转向经济领域，欧盟与美国至少是并驾齐驱的。如果你看经济的动力，世界在期望中国成为第二大经济体。因此，如果从不同角度看，你会看到不同的单极、两极和多极的画面。

世界政治转型时期最好的、最有希望的类比是1870—1945年间的长时期的从英国主导向美国主导的转型。这75年时间的转型也很长，也是和平的，尽管有两次世界大战，但并非由崛起大国所导致。因此必然可以从中学到很多东西。

大国之路怎么走？

历史证明了美国布什政府的单边主义的失败。绕开联合国将会丧失行动的合法性、丧失作为大国的声誉。国际体系是多维的、多层次的，因此多边问题非常重要。

——杨洁勉

对布什政府来说，另一条道路是如此的明确。华盛顿需要一种新的观念。新一届美国政府必须要重新回到多边主义。

——基欧汉

杨：当然，大国很大程度上决定着国际体系的转型方向，尤其是美国将持续发挥很大的作用。但历史证明了布什政府的单边主义、先发制人的失败。大国在不同程度上都在实施多边主义，绕开联合国将会丧失行动的合法性、丧失作为大国的声誉。国际体系是多维的、多层次的，因此多边问题非常重要，但当前大国间并没有固定的多边组合，对未来国际体系更没有考虑成熟。

基：这是很有意义的洞察。如果有关这个世界是多样的、多边主义是根本的理论是正确的，那么即使布什政府不愿回到多边主义，他们也会很快回到那一立场。对布什政府来说，另一条道路是如此的明确。全世界都已经看到了，华盛顿需要一种新的观念。新一届美国政府必须要重新回到多边主义。

杨：多边主义和多边机制及国际组织关系密切。国际政府间组织可以划分为"硬性"和"软性"两种，在国际体系转型过程中的作用与方式各不相同。我认为，"硬性"组织主要是随着形势变化进行调整，而非"重起炉灶"，比如联合国正在努力推进改革。"软性"组织是国际社会在尝试应对各种新出现的威胁——各国还没有正式的组织处理它们——时的产物，如美国推出的反恐联盟、东亚峰会和朝核及伊核的六方会谈机制等。这些组织的灵活性适合于各种问题，未来也可能会"硬化"成为常态性组织。

基：我同意你的说法。问题在于，为什么我们会有两种不同的国际组织？一个原因在于世界的变化迅速，你必须应对一些新出现的问题。另一个原因还在于决定创建硬性组织的难度很大。

25 年后的世界将是什么样子？

我对未来谨慎地乐观，认为建构中的国际体系的主要面是积极的。

——杨洁勉

有四个方面的问题不容乐观，但所有这些问题的解决都需要多边主义的方法。

——基欧汉

杨：在讨论完历史和当前之后，我们将目光转向未来。到 2020 年或 2030 年，国际体系或你说的世界政治将会变成什么样？我对未来谨慎地乐观，认为建构中的国际体系的主要面是积极的，我认为 2020—2030 年的国际体系将有四个特点。

第一，主要行为体的多极性。主要行为体不是现在的单一大国，还包括印度、南非、巴西等发展中国家，还有诸如南方共同市场、非洲联盟等发展中国家集团。此外，还有因公民社会的发展而推到前台的非政府组织。第二，互动的多样性。国际体系中各种行为体的互动更加多样，如国家行为体之间、非国家行为体之间、国家行为体与非国家行为体之间。目前，国家行为体与非国家行为体之间的互动机制很缺乏。我们还没有在价值观、战略、政策等上面做准备。第三，议题的综合性。国际体系正常运作需要面对的议题不再是传统的安全、军事问题，而是从传统安全到公共卫生的人类社会的全方位问题。第四，决策的复杂性。国际体系将要努力解决因应对各类问题而造成的决策瓶颈问题。我认为这些都是 2020—2030 年最大的挑战。

基：非常充满希望的评估。的确，我们的领导人们对未来所作的准备并不充分。我们已经有了很大的进步，已经学到了很多如何处理各种问题、危机的知识，知道如何避免冲突实现繁荣。但是还有四个方面的问题，它们可能会中断你所描述的乐观前景。第一，巨大的公共卫生问题。第二，大规模杀伤性武器的扩散。第三，气候变化。第四，激进的伊斯兰势力的发展。现在所有这些问题我们都必须思考，到 2020 年时它们都将是我们的挑战，而且所有的问题都需要多边主义的方法。

中国将扮演什么角色？

中国不想挑战美国这个当今大国的地位。中国只是想与美国和其他国家共同通过和平的方式实现合作共赢。　　　　——杨洁勉

过去 20 年里世界上最积极的事莫过于中国的和平崛起。中国并没

有狭隘地界定其国家利益。要给予中国在国际体系中发出更大声音的机会，这是个极重要的任务。

——基欧汉

杨：我同意你的补充。中国对国际体系的基本立场经历了一个从局外人到构建者的过程。在过去近 30 年中，中国得益于全球化和改革开放。现在，中国并不想挑战美国这个守成大国的地位。中国只是想与美国和其他国家共同通过和平方式实现合作共赢。中国试图在国家利益、地区利益和全球利益之间作平衡，也试图在长远利益和近期利益之间作出平衡。

基：对我来说，过去 20 年里世界上最积极的事莫过于中国的和平崛起。现在的问题是：中国对多边机制有多大兴趣，中国应在多大程度上参与多边机制？我认为最核心的问题是，大国应当也可以正确界定其国家利益。令人高兴的是，中国并没有狭隘地界定其国家利益，不存在文化相对主义。

在美国，有关如何界定美国国家利益仍存在着争论。当前的布什政府对于多边主义持反对态度，他们根本上是单边主义的；他们不喜欢联合国、害怕联合国限制美国的权势。目前的美国缺乏类似冷战时期的战略性共识，问题在于如何界定美国的国家利益。

另一个问题，要给予中国在国际体系中发出更大的声音的机会。很明显，中国已经日益强大。如果替代性的方法是不给予中国发表其声音的机会，那是错误的。但美国领导人也必须向美国公众解释，为什么应当给予中国更大的发言机会；而且我们是自愿给予中国的，而不是中国强迫美国这样做的。这是个极重要的任务。

后 记

　　值此三本书付梓之时，首先，感谢本人供职 40 余年的上海国际问题研究院及其领导和同事们的鼓励、支持和帮助，使我身处世界著名智库，放眼天下和纵论世界风云，以专业知识服务国家，促进世界的和平事业。其次，感谢华东师范大学和上海外国语大学两所母校，使我能长期以兼职博士生导师的身份直接参与国际关系和区域国别学科建设，并对国际问题研究和学科建设互动互补有了更加深刻的认识。再次，还要感谢在国内国际交流、交叉学科互动和跨界合作时支持和帮助过我的同行，他们是激励我坚持研究、教学、人才培养的精神力量和专业动力。此外，特别要感谢我的博士生沈若豪同学的帮助，没有他的尽心竭力，这三本书断难成编。若豪同学的本科及硕士研究生的学业是在美国完成的，希望他在选编助理的工作中对中国自主知识体系有所认识和领悟。最后，当然要感谢出版社和编辑人员的认真和高效。

　　有人问我，古稀老人为何还笔耕不辍？对此，我总是以两位前辈为榜样。一位是上海国际问题研究院已故的老领导李储文，他曾在周恩来领导下在抗战时期就与包括国际问题研究者在内的中国高级知识分子交流、交友，在将近百岁住院治病期间仍上网阅读中英法三种文字的国际问题文章，并且结合中国外交进行评论。另一位是西北大学中东研究所的前所长彭树智，他今年已经 92 岁，但仍坚持每日撰写学术文章千字以上。说心里话，我真的希望能如他们两位那样健康长寿，但他们旺盛的求知欲望和工作热情更值得我学习。

这部论文集如果再过几年出版，在内容的数量和质量上可能还可以更好些。但因为某些客观原因又不得不"提前"了。最直接的原因是，本人年过古稀后，精力明显大不如前，特别是目疾加剧，阅读和写作大成问题，再三考虑，还是趁目前能正常工作时整理出版。若老天眷顾，过些年还能再版时，本人的努力和期待包括但不限于以下：

争取的最佳方案是，本人在前期和已有研究的基础上撰写而不是编辑同一主题的专著。本人需要使自己在建设自主知识体系方面的认识、研究和实践更上一层楼，以此为国家和学界作出应有的贡献。

可能实现的次佳方案是，这三本书虽以论文集的形式再版，但相关的成果应有明显的进步，其基础当然是逐步提高的站位、不断深化的思考、持之以恒的研究、国内国际的讨论、坚持不懈的写作，以此产生更多高质量的论文和有影响力的演讲得以在再版中增加，使之能够附于有影响的论文集之后，如美国教授詹姆斯·罗西瑙（James N. Rosenau）主编的《没有政府的治理》（*Governance Without Government*，1992 年版），又如中国和平崛起论的主要倡导者郑必坚先生的论文集《论中国和平崛起发展新道路》（中共中央党校出版社 2005 年版）。

万一的保底方案是，这三本书的出版能够引起中国学界的讨论和国际学界的关注，从而使再版成为需要。虽然本人由于可以预见或不可预见的原因而不能亲自修订再版，我的学生们既有意愿也有能力代我再版。总而言之，对于学者来说，"文章千古事，得失寸心知"，一代又一代的学子们为了知识、学问、理想和真理而需要不断努力。

杨洁勉

2023 年 11 月 30 日

图书在版编目(CIP)数据

动荡变革期世界发展和趋势 ：百年大变局中的观察
与分析 / 杨洁勉著. -- 上海 ：格致出版社 ：上海人民
出版社，2024. -- (国际展望丛书). -- ISBN 978-7
-5432-3611-0

Ⅰ. D81

中国国家版本馆 CIP 数据核字第 2024JU8157 号

责任编辑　王亚丽
封面设计　人马艺术设计·储平

国际展望丛书

动荡变革期世界发展和趋势:百年大变局中的观察与分析

杨洁勉　著

出　　版　格致出版社
　　　　　上海人民出版社
　　　　　(201101　上海市闵行区号景路 159 弄 C 座)
发　　行　上海人民出版社发行中心
印　　刷　上海商务联西印刷有限公司
开　　本　720×1000　1/16
印　　张　13.5
插　　页　2
字　　数　186,000
版　　次　2024 年 10 月第 1 版
印　　次　2024 年 10 月第 1 次印刷
ISBN 978 - 7 - 5432 - 3611 - 0/D·196
定　　价　68.00 元

·国际展望丛书·

《自主知识体系建构及其途径:国际问题研究的思考和探索》
杨洁勉 著

《波澜壮阔的中国特色大国外交:实践自觉和理论自觉的视角》
杨洁勉 著

《动荡变革期世界发展和趋势:百年大变局中的观察与分析》
杨洁勉 著

《中国与巴西:发展导向的战略伙伴》
牛海彬 著

《冷战后日本对华经济外交研究》
陈友骏 著

《太平洋联盟研究——基于区域组织生态理论》
黄放放 著

《全球治理的大挑战——动荡年代的全球秩序》
[美]奥兰·R.扬 著　杨剑　徐晓岚 译

《结构性改革与日本经济问题研究》
陈友骏 著

《全球网络空间稳定：权力演变、安全困境与治理体系构建》
鲁传颖 著

《市场秩序演化机制与政府角色——系统论视域下政府与市场关系研究》
王玉柱 著

《对外开放与全球治理：互动逻辑、实践成果与治理方略》
石晨霞　毛瑞鹏　高小升 著

《全球公域治理：价值向度与秩序构建》
郑英琴 著

《多边开发银行的演进及合作研究》
叶玉 著

《城市外交和城市联盟：上海全球城市建设路径研究》
于宏源 著

《当前欧亚移民治理研究》
强晓云 著

《美国气候外交研究》
于宏源 著

《中华民族伟大复兴进程中的"国家民族"建构研究》
叶江 著

《国家建构——聚合与崩溃》
［瑞士］安德烈亚斯·威默 著　叶江 译

《面向可持续发展的全球领导力——文化多样性研究》
［美］柯林·I.布拉德福德 著　薛磊　叶玉 译

《全球化新阶段与上海改革新征程》
王玉柱 著